브랜딩적 생각

브랜딩적 생각

1판 1쇄 인쇄 2024. 4. 1.
1판 1쇄 발행 2024. 4. 8.

지은이 조준형

발행인 박강휘
편집 고정용 본문 디자인 조명이 마케팅 백선미 홍보 이한솔
발행처 김영사
등록 1979년 5월 17일(제406-2003-036호)
주소 경기도 파주시 문발로 197(문발동) 우편번호 10881
전화 마케팅부 031)955-3100, 편집부 031)955-3200 | 팩스 031)955-3111

값은 뒤표지에 있습니다.
ISBN 978-89-349-6513-8 03320

홈페이지 www.gimmyoung.com   블로그 blog.naver.com/gybook
인스타그램 instagram.com/gimmyoung 이메일 bestbook@gimmyoung.com

좋은 독자가 좋은 책을 만듭니다.
김영사는 독자 여러분의 의견에 항상 귀 기울이고 있습니다.

브랜딩적 생각

사람과 브랜드 사이

알게 하기, 좋아하게 하기, 관계 맺게 하기

조준형 지음

김영사

차례

2장 브랜딩적 생각

3장 브랜딩적 생각으로 해왔던 일

브랜딩에 대한 고민

제목에 대한 고민을 많이 했어요.

브랜딩이라는 말이 너무 흔해진 시대입니다. 브랜딩을 이야기하는 책도 많이 나와 있어요. 늘 '차별화가 가장 중요하다' '다른 것이 아름답다'는 말을 하던 제가 이제 와서 그 말을 반복하자니 평범하게 느껴질까 걱정했어요. 안 그러자니 이 책 내용이 너무나 브랜딩 이야기이고.

'다른 것'에 더 끌리고 그게 경쟁력이 있다고 생각하지만 역시 본질이 중요하긴 한가 봐요. 제목에 결국 '브랜딩'이라는 말을 썼네요.

브랜딩이라는 말이 흔해진 만큼 브랜딩을 한다는 사람도 많아졌어요. 저도 브랜딩을 한 지 어느덧 24년 차가 되었고, 그 시간 동안 여러 업계 일을 많이 하다 보니 여러 브랜딩 관계자를 만날 수 있었습니다. 그분들과 브랜딩 이야기를 나누다 보면 '흠… 브랜딩에 대한 기본 개념이 잘 서 있는 분인가?' '저분이 하는 이야기가 브랜드 이야기가 맞나?' 생각한 적이 여러 번 있었어요.

어떤 분은 "작은 사업 하나 합니다" 대신 "작은 브랜드 하나 합니다"라고 이야기합니다. 어떤 분은 "공간 브랜딩을 해요"라고 하는데, 정작 인테리어만 하기도 하고요. "푸드 브랜드 합니다" 하길래 "어떤 브랜드요?" 여쭸더니 푸드 카테고리 상품을 유통하는 분도 있었어요.

제가 평화주의자라서 그런지 딴지 거는 모습을 보이고 싶지도 않고, 언쟁으로 번지는 것도 싫고. 그래서 면전에서는 "오, 그러시군요" 하고 말았지만, 한편으로는 다행스럽다고 느끼기도 했지요.

왜일까요? 브랜딩을 한다고 말씀하시는 분이 엄청 많아졌지만 제 기준으로 '브랜딩에 대한 이해를 제대로 갖춘 분'은 많다고 느끼지 못했거든요. 제가 할 일이 아직 꽤 많이 있다는 생각으로 이어져서예요.

그래서 브랜딩에 대한 개념, 브랜딩을 하기 위해 필요한 기반, 좋은 브랜딩을 위해 알아야 할 것, 브랜딩을 하기 전에 산업과 시장, 소비자에 대해 이해해야 할 것에 대한 이야기를 하고 싶었습니다. 개념에 대한 이야기는 물론 실제 사례,

그리고 제가 손수 했던 일을 자세히 풀면서 제가 가진 '브랜
딩적 생각'과 그러한 브랜딩적 생각으로 실행했던 일들을
나누고 싶어 쓴 글들이에요.

　이 책을 매개로 이제 당신과 저는 아는 사이가 되었으니,
이 책과 관련한 이야기도 좋고, 당신이 운영하는 브랜드도
좋고, 제가 가진 브랜딩적 생각과 당신이 가진 브랜딩적 생
각을 두고두고 나누고 싶습니다. 진심이에요.

1

그래서 나는 브랜딩을 한다

'**브랜더' 조준형입니다**: 브랜딩적 생각의 시작

브랜드란 무엇일까요? 그리고 더 나은 브랜딩을 위한 '브랜딩적 생각'은 무엇일까요? 제가 스스로를 칭하는 '브랜더'란 또 무엇일까요?

그보다 먼저, 제가 브랜더가 되기까지의 이야기를 들려드리려고 해요. 제가 저와 함께 일하고 싶은 동료를 모시는 인터뷰를 할 때 하는 질문이 있습니다. "당신의 간판 프로젝트가 뭔가요? 그리고 그걸 어떤 프로세스로 했는지 설명해주실 수 있나요?"

저도 이 질문에 차근차근 답해볼게요. 현재에 이르기까지 어떤 과정을 거쳤는지 이야기하면서 '브랜딩적 생각'에 함께 다가가보시죠(이 부분은 저의 개인적 에피소드와 경험의 요약이라서 대강 훑어보고 2장으로 바로 넘어가도 됩니다. 뒤에 나올 이야기들이 더 중요하다고 생각하거든요. 하지만 요약이 되기도, 워밍업이 되기도 할 거예요. 선택은 그대의 몫)!

● **도서관에서 만난 노란색 책**

고등학생 시절, 저는 '늘 하던 대로 하는 일' '늘 똑같은 것'이 싫었어요. 틀을 비트는 생각이나 방식, 그것을 통해 다른 이들에게 영향을 주는 일을 하고 싶었습니다. 그래서 제법 주목도 받았다고 막연히 생각하던 때가 있었지요(아니어도 괜찮고).

그런 일 중 하나가 '광고'라고 생각했고, 그와 관련된 학과에서 공부를 하고 싶었어요. 대학 입시를 할 즈음 너무 인기가 많았던 광고홍보학과에는 똑 떨어졌고, 대신 마케팅을 공부할 수 있는 경영학과에 진학했습니다.

경영학에는 수학과 관계를 끊고 살던 제가 두려워하는 경상 수학, 통계, 재무나 회계를 마케팅보다 더 큰 비중으로 공부해야 했고, 예상대로 마케팅 관련 과목 점수 외에 숫자 공부를 더 많이 해야 하는 과목은 바닥권이었어요.

하지만 그 고통(?)을 넘어설 만큼 마케팅은 제게 아주 재

있는 공부였습니다. 특히 소비자의 구매 행동, 곧 사람들이 어떻게 물건을 사게 되는지에 관심이 많았어요. 사람들이 평소에 갖고 있는 사고와 인식 체계, 문화적 배경이 그런 선택을 좌우하기도 하고, 어떨 때는 정말 어이없을 만큼 별것 아닌 이유로 구매를 결정할 수도 있다는 게 흥미로웠거든요.

마케팅과 광고에 대한 흥미 많이, 전공 공부는 조금, 농구와 술 많이, 아르바이트도 웬만큼. 그렇게 보내던 대학 시절 막바지에 '취업 걱정'이라는 것을 하게 됐습니다. 그러다 도서관에서 우연히 눈에 띈 노란색 표지의 '브랜딩' 책을 뽑아 들었습니다.

같은 원재료, 같은 사이즈로 만든 제품이지만 어떤 가방은 50만 원, 어떤 가방은 그 5배인 300만 원에 팔리고, 같은 공장에서 비슷한 사람들이 만든 차인데, 하나는 5,000만 원, 다른 하나는 1억 8,000만 원을 주고 사야 합니다. 심지어 당장 살 수도 없고요. 또 M&A 시장에서 장부에 적힌 금액의 8배를 제시해도 팔리는 기업이 있다고도 하고요.

제가 발견한 그 '노란색 책'은 이런 이상한 일을 딱 한 단어, 바로 '브랜드brand'로 설명하는 책이었어요.

그 책은 사회과학자이자 UC 버클리대학교 석좌교수 데이비드 A. 아커의 《브랜드 리더십》이라는 책이었어요. 데이비드 A. 아커는 수업 시간에도 들어본 익숙한 이름이었습니

데이비드 아커, 《브랜드 리더십》

다. 경영학과 마케팅에서 쓰이는 '브랜드'라는 개념을 만든 분이나 다름없다고 알려졌죠.

다소 딱딱하고 이론적인 말이 가득한 책이었지만, 저는 깊이 빠져들었습니다. 어찌 생각하면 무모한 일이지만 그 책을 번역한 회사에 이메일을 보냈어요.

"귀사에서 일하고 싶습니다. 저 잘할 수 있어요."

● 네이밍라이터

저는 제가 끈기와는 큰 관련이 없는 사람인 줄 알았습니다. 그런데 평소와 다르게 그 회사에는 좀 매달렸어요. 메일도 여러 번 보냈고, 다짜고짜 그 회사에 전화를 하기도 했죠.

그런 제게 온 답은 "당장은 자리가 없다. 자리가 나면 연락 드리겠다"는 말이었습니다.

이후에도 집요하게 메일을 보내고 전화를 했는데, 그 기회가 정말로 오더군요. 어찌어찌해서 최종 면접 장소까지 갔던 기억이 지금도 생생합니다. 그 순간과 장소의 온도, 문 앞 명패의 내용, 앉았던 책상의 재질과 색, 그날 제 옷차림, 면접관들의 위치와 표정까지도요. 취업 자체가 간절해서였다기보다, 어떤 회사보다 그곳에 가고 싶었기에 그랬을 겁니다.

이 면접은 '네이밍라이터(현재는 네이미스트로 더 알려져 있는데, 당시 브랜드 개발과 컨설팅의 선구자이던 이 회사에서는 네이밍라이터라는 표현을 썼어요)'를 뽑는 자리였습니다. 최종 후보는 2명이었고, 예상치 못한 필기시험도 기다리고 있었죠.

그 필기시험 문제는 저를 정말 당황케 했습니다.

"여성용 프리미엄 생리대의 네이밍을 해보세요."

문제를 읽자마자 아찔하고 두근두근했습니다. '난 그게 어떻게 생겼는지도 잘 모르는데?'

이내 정신을 차리고 집중력을 끌어올려 제 머릿속에 가득 했던 생각을 나열하자면 이렇습니다.

'생리대의 중요한 속성이 뭘까? 위생? 산뜻함? 빠른 흡수? 새지 않는 것?'

'어떤 브랜드가 유명하지? 후리덤, 화이트, 위스퍼, 좋은느낌… 이름만으로도 어떤 이미지를 내세우는지 명확하네? 움직임이 자유롭다, 깨끗하다, 부드럽다.'

'기능도 기능이지만, 이미지도 중요하지 않을까?'

'흔한 영어 말고 유럽 언어를 써보자. 유럽 언어라… 프랑스어? 이탈리아어? 근데 내가 아는 게 없네?'

그때 어릴 적 피아노 학원에서 배웠던 음악 용어가 생각났어요. '포르테, 그라지오소, 프레스토, 좋다! 빠른 흡수! 네 글자는 좀 기니까, 두 글자나 세 글자로 하는 게 좋겠어. 비바체? 이것도 빠르다는 뜻이니까. 이걸로 가자!'

그렇게 해서 생각해낸 '비바체'라는 네이밍으로 본격적인 면접을 시작했습니다.

"비바체? 왜 이런 네이밍을 하셨죠?"

"일단은 30대 여성을 위한 프리미엄 생리대라고 하셔서, 20대가 쓰는 것보다는 조금 더 고급스러운 느낌을 주고 싶어 영어가 아닌 이탈리아어를 써봤습니다. 비바체가 클래식 음악 용어이기도 해서 고급감이 더 잘 느껴질 거라고 생각했습니다. 혹시 비바체가 무슨 뜻인지 아십니까?"

"네. 저희는 알죠."

"네. '매우 빠르게'라는 의미입니다. 고급스러운 이미지를 풍기는 것과 동시에 '흡수가 매우 빠르다'라는 생리대가 갖춰야 할 특징까지 갖추었기 때문에 감성과 기능을 모두 어필할 수 있는 이름이라고 생각했습니다. 그리고 이탈리아어이긴 하지만 국문으로 표기했을 때 받침이 없어서 읽기도, 기억하기도 쉬울 거라고 생각했습니다."

세 분 모두 매우 흡족해하는 표정을 읽을 수 있었어요. 저는 점점 자신만만해졌습니다. '와… 나 답변 진짜 잘했다. 이건 무조건 내가 되는 거지. 내가 될 수밖에 없어.'

"입사를 했다고 치고, 이 생리대 프로젝트를 담당했다고 생각해보세요. 이 제품 네이밍을 위해서 어떤 노력을 하시겠습니까?"

뻔한 답을 기대할 것 같진 않았어요. 그래서 이렇게 대답했습니다.

"네! 저는 이 제품을 직접 착용해보겠습니다!"

면접관들이 크게 웃었어요. 그냥 웃음이 아니고 대단히 만족스러운 웃음이었죠. 면접을 잘 마친 후 저는 '와, 무조건 합격이다' 생각하고 콧노래를 부르다시피 하며 집에 돌아왔어요.

그리고 며칠 후 확인한 결과는 '탈락'이었습니다.

몇 개월 나중의 일을 말씀드리자면, 저는 결국 몇 개월 후 그 회사에 들어갔습니다. 최종 면접에 떨어진 후 저는 다른 회사에 취업했는데, 정직원이었고 연봉도 높았지만, 적성에 잘 맞지 않아서 그 회사에 주기적으로 메일을 보내고 전화를 해서 어필했거든요. 그렇게 다시 기회를 얻었고, '인턴'이었지만 기쁜 마음으로 입사를 했어요.

입사 후, 첫 번째 면접 당시 경쟁자였던 분을 만나 도대체 어떻게 했길래 저를 제치고 입사하셨냐 여쭈니, "저는 이런 측면, 저런 측면을 고려해서 네 가지 네이밍 후보안을 제출했다"라고 하더라고요. 그분은 다양한 아이디어를 준비했던 거예요. 그 말을 들은 저는 단번에 인정할 수밖에 없었죠.

'맞네. 모든 게 내 생각과 같기 어렵지. 이 사람이 준비를 더 잘한 게 맞네.'

당시 '브랜딩을 가장 잘한다' '브랜드 전략을 가장 잘 세운다'는 말을 듣던 '브랜드앤컴퍼니'라는 브랜드 전략 컨설팅 펌에서 직장 생활, 브랜딩 경력을 시작했습니다.

스마트하고 치밀한 선배님들에게 눈물 날 정도로 혼나며 이론 공부를 하고 고객과 시장, 거의 모든 산업을 분석했죠. 실력만큼이나 지독하고 집요한 클라이언트 덕분에 밤샘 근무를 밥 먹듯 하면서 다양한 문제 해결 경험을 할 수 있었어요. 돌이켜 보면 웃음과 욕이 함께 나오지만, 단단한 기반이 되어준 곳이었어요.

네이트(NATE = Network Mate, Neo Gate), 멜론(Melon = Melody가 Online에서 나오는), 피망(Pmang = Play하는 Mang網), 에비뉴엘(Avenue + Lotte/Luxury) 등 제가 직접 네이밍한 것들이 시장에 나와서 전략대로 구조가 서고, 광고로 만들어져 인기를 얻으며 팔리고, 사용하는 사람들이 늘어가는 것을 볼 때는 무척 뿌듯하고 자랑스러웠어요.

나중엔 브랜드 전략 수립을 담당했지만, 브랜딩 일을 '네이밍라이터'로 시작했다는 것이 이렇게나 단단한 뿌리가 될지 그땐 미처 몰랐어요.

우리는 기획 콘셉트를 뽑거나, 상세페이지에 넣을 문구를 쓰거나, 광고에 넣을 카피를 쓰거나 할 때 어려움을 겪습니다. 여러 차례 수정하고, 보완하고, 또 수정해야 하니 무척 어려운 일이죠. 생각의 흐름을 주도하는 글을 쓴다는 것, 지루하지 않게 상품 특성을 설명하는 글을 쓴다는 것도 어렵고, 짧고 간결한 한 문장, 한 구의 글로 응축해 상품의 매력을 어필하는 것은 더 어려운 일이고요.

하지만 네이밍은 대개 한 단어를 만드는 일입니다. 상품과 브랜드를 설명하거나 상징하고, 구별되게 하는 '딱 한 단어'예요. 게다가 상표등록도 되어야 하고, 도메인에도 쓸 수 있어야 하죠. 상품과 상품을 만든 의도를 소비자에게 이해시켜야 하고, 시장 내 포지션, 대상 고객, 트렌드 등도 고려하지 않을 수 없죠. 이런 조건에 언어적 감각을 발휘해 상표권까지 등록되는 하나의 단어를 찾아내거나 만들어 클라이언트를 설득해야 비로소 일이 끝나는 거예요.

네이밍은 짤막한 카피보다 그 브랜드를 더 잘 응축해야 하는 작업입니다. 줄이고, 없애고, 자르고, 저도 모르게 브랜드의 핵심을 찾아내는 훈련이 잘되어 있던 거예요.

그런 훌륭한 브랜드 컨설팅 펌의 네이밍라이터를 거쳐, 전략 컨설턴트로 대규모 브랜드를 다루며 착실하게 지식과 경험을 쌓아오면서, 클라이언트가 원하는 브랜드를 고민하고, 전략을 세우고, 실행하는 패턴을 반복했습니다. 마치 훈련하는 것처럼 클라이언트의 고민을 받아 들면, 어떻게 풀지 대략 보일 정도로 익숙해질 만큼요.

클라이언트가 원하는 것을 하고, 그게 충족되면 그 브랜드를 고객사의 브랜딩 담당자에게 떠나보내고, 또 다른 브랜딩 이슈를 맞아들여 브랜드를 만들고, 전략 기반을 닦고, 또 떠나보내고. 어느 날 이런 반복이 권태롭게 느껴지기 시작했어요.

'내 것은 어디에 있지? 모든 것을 쏟아붓고 있는데?'

이런 생각이 들기 시작했어요.

이제는 '브랜드 매니저'가 되어 '나의 브랜드'를 맡아 브랜드 콘셉트를 잡고, 네이밍도 하고, 단계별 전략을 세워서 실행하고, 커뮤니케이션을 하고, 시장과 고객의 피드백을 받아 개선하고, 또 실행해서 제품과 시장, 고객의 요구에 맞추고 싶었어요. 제 브랜드를 갖고 싶다는 열망이 생겼죠.

더 사이좋은 사람들: 싸이월드

지금으로부터 20년도 더 전, 인스타그램이나 페이스북이 인기를 얻기 한참 전에 우리나라 온 국민이 '일촌'을 맺고 '도토리'와 '파도타기'를 즐기던 때가 있었어요. 저의 20대 청춘이 몽땅 담겨 있는 싸이월드cyworld 이야깁니다.

당시 시대는 점점 '브랜드'라는 개념을 다루는 인력을 필요로 하고 있었어요. 브랜딩의 중요성이 확산되면서, 제가 줄곧 해오던 '클라이언트 잡을 벗어나 나만의 브랜드를 손수 매니징하고 싶다'는 생각을 현실화할 타이밍을 맞게 되었어요.

온라인 기업의 인기와 규모가 점점 성장하면서 '물성' 없는 제품의 브랜딩이 필요하게 되었죠. 저는 때마침 높은 인기를 누리던 싸이월드에 합류했습니다.

싸이월드는 자신의 생활을 (주로 사진으로) 알리거나 보여주고, 취향을 미니홈피의 '미니미'와 미니룸, BGM으로 드러내며 간단히 소식을 주고받는 소셜 미디어 서비스였지만, 내가 원래 알던 사람들과 온라인으로 소식을 주고받는 것을 넘어 원래 알던 사람들을 '파도타기'하다 보면 잘 모르는 사람들의 일상까지 들여다볼 수 있고, 매력적이고 관심 가는 사람들과 '일촌'을 맺고, 댓글을 주고받으며 소통할 수 있는 서비스라 더 폭발적인 인기를 끌게 되었다고 생각해요. '사이좋은 사람들'이라는 슬로건이 매우 잘 어울리는 서비스였어요.

제 브랜드 매니징 대상은 '싸이월드' '미니홈피' '도토리' '일촌' '아바타' '파도타기' '미니홈피 BGM' '42데이' '싸이월드 뮤직어워드'를 넘어 같은 회사에서 서비스하던 '네이트온' '네이트검색'과 '네이트판'까지 이어졌죠. 물성이 없던 서비스를 고객이 경험하도록 하는 'BX(브랜드 경험)' 관점으로 성과를 내고 축적했는데, 가장 기억에 남는 프로젝트는 싸이월드 브랜드 아이덴티티Brand Identity, BI를 바꾼 것이었어요.

브랜드의 비전이 달라지면, 그 비전을 담을 연상 이미지의 크기나 방향도 달라져야 합니다. 그런 기반하에 BI를 바꾸기도 하죠. 하지만 제 경험상 사람들은 BI 바꾸는 것을 반기지 않아요. 오히려 싫어합니다. 인지도와 선호도가 높은

새로 바꾼 싸이월드 BI와 함께

브랜드, 일상적으로 마주치는 브랜드는 더욱 그렇습니다. 이미 사람들에게 익숙하고 사랑받고 있기 때문이죠. 저는 이때 온라인 서비스만의 사전 커뮤니케이션을 통해 리스크를 피할 수 있었어요. 이건 뒤에서 다시 풀어볼게요.

손에 잡히는 브랜드 경험을 다 주고 싶어서: 홈플러스

싸이월드와 네이트를 브랜딩하며 재미있게 경험을 쌓고 성장하던 중, 또다시 갈증을 느꼈어요. 주로 사각 화면으로만 얻을 수 있는 온라인 서비스로는 해소할 수 없는 물성과 공간에 대한 갈증이었죠.

저의 다음 무대는 홈플러스였습니다. 대형 할인점 브랜드인 홈플러스에는 매장이라는 '공간'이 있고, 오직 홈플러스에서만 판매하는 상품 브랜드인 PB Private Brand가 있었어요. 제 갈증을 풀어줄, 상품과 공간을 다 갖춘 브랜드였어요. 그곳에서 저는 아주 복잡하고 디테일한 상품, 가격, 유통, 프로모션과 브랜드, CRM Customer Relationship Management 등 마케팅 구조에서 브랜딩과 메시징 체계를 수립하고, 광고를 기획했습니다.

가장 기억에 남는 프로젝트는 지하철역에서 홈플러스의 온라인 스토어 인지도와 선호도를 높이고자 진행한 '홈플러스 스마트 가상 스토어 Homeplus Virtual Store'였어요. 벽면에 상품 사진과 가격을 게시하고, 스마트폰으로 QR코드를 찍고 결제를 하면 집으로 배송받을 수 있는 콘셉트의 스토어였어요. 이 캠페인은 '콘셉트만으로' 세계 최고의 광고제로 알려진 칸 국제광고제에서 옥외 부문 그랑프리를 받았습니다.

홈플러스 스마트 가상 스토어

그에 힘입어 서울 강남의 선릉역에 실제로 구현했는데, 지하철 스크린 도어 광고판에 걸린 가상 매대 이미지를 통해 스마트폰으로 상품을 구매할 수 있도록 했죠. 모바일 커머스가 활성화되기 전이었기 때문에 전 세계 유통업계와 광고업계, IT업계에서 직접 출장 와서 체험해볼 만큼 매우 큰 관심을 받았고, 학생들이 연구차 방문해서 체험해볼 정도였죠.

One for One®: 탐스

미국 캘리포니아에 본사를 둔 신발 브랜드 '탐스TOMS'는 고객이 신발 한 켤레를 구입하면 다른 한 켤레를 도움이 필요한 어린이에게 기부하는 원포원One for One® 기부를 하고 있어요. 저는 그 브랜드가 국내에 들어온 초기부터 아주 좋아했습니다.

홈플러스에서 일하던 때 저는 여러 군데에서 영입 제안을 받았어요(제가 잘나서가 아니라, 브랜딩하는 이들의 수요가 무척 많을 때여서 그랬을 거예요).

그중에는 지금 우리나라에서 점유율이 가장 높은, 우리 생활에 가장 깊숙이 들어와 있는 브랜드인 '카카오'도 있었죠. 네이트온으로 초기 No.1 메신저인 MSN 메신저를 이긴 경험이 있었기 때문에 자신 있는 분야이기도 하고, 스톡 옵션 제안도 매력적이었죠.

그러던 중 탐스코리아에서도 제안을 받았습니다. 규모가 꽤 큰 스톡 옵션과 제가 가장 좋아하는 브랜드의 브랜딩 담당 리더 중 하나를 선택해야 했어요.

결국 저는 '제가 가장 좋아하는 브랜드'를 선택했습니다. 사회에 기여하는 가치관과 활동으로 알려지기 시작했고, 상업적으로도 성장이 기대되는 브랜드였잖아요? 그렇게 저는 탐스코리아에 합류했습니다(카카오와의 통화에서 "네? 회사 이름이 카카오예요? 메신저요? 지금 다들 네이트온 쓰는데?" 이런 말을 했던 생각이 나는데… 얼굴이 상당히 뜨

원포원 기부 캠페인을 시작한 탐스의 'Chief Shoe Giver' 블레이크 마이코스키

거워지네요).

탐스에 합류해 브랜딩과 온라인 세일즈를 이끌기로 했어요. 국내 비즈니스 성장 폭은 주목받을 만큼 아주 컸습니다. 브랜드 인지도와 선호도도 높아졌고요. 합류 초기 LA 샌타모니카 본사에 방문해 브랜드 미팅을 했을 때 큰 충격을 받기도 했습니다. 원포원 기부 활동에 대해 '혹시 마케팅 전략이 아닐까?'라는 의심도 조금 했는데, 신발뿐 아니라 안경을 판매해서 얻은 수익으로 '시력을 기부하는' 프로그램 소개를 본 기억이 생생합니다. 안경을 기부하는 것을 넘어 시각장애인에게 안과 진료와 수술을 제공하는 것이었어요. 그 현장에 참여했던 멤버들이 눈물을 쏟으며 그 경험을 공유하

는 것을 듣고 '비즈니스로 돈을 버는 것 말고도 자신의 삶을 깊이 연결 지어 진심을 쏟는 이들이 있구나' 하고 감탄했어요. 탐스를 선택하길 정말 잘했다고 느낀 순간이었습니다.

그 밖에도 전 세계에서 동시에 진행한 '신발 없는 하루One Day without Shoes' 캠페인에서 '잠시라도 맨발 체험을 하며 신발이 없는 아이들의 고통에 공감해보자'라는 취지 아래 수백명이 강남 한복판 테헤란로를 맨발로 걸었던 일, 어디로 가는지, 무엇을 하러 가는지도 모른 채 버스를 타고 출발했던 '좋은일버스' 프로젝트도 기쁘게 했어요. 사업을 전개하는 저희와 고객이 모두 행복해하고 만족했던 일이었죠.

탐스라는 브랜드를 섬기고 일할 때 받은 영감이 아직도 살아 있습니다. 큰 스톡 옵션 대신 탐스를 선택하고 '아, 내가 사회에서 일하면서 월급을 받고, 승진을 하고, 차를 바꾸고, 집을 늘리는 것에서 느끼는 만족과 다른 차원이 있구나. 세상을 더 좋은 방향으로 변화시키는 데 내가 하는 일이 진짜로 영향을 주고 있구나'라는 충만한 감정을 느끼며 일했던 후회 없는 결정이었어요.

책상에서 즐기는 한 잔의 따끈함: 죠스 어묵티

언제부터인가 프랜차이즈 비즈니스에 관심을 가지기 시작했습니다. 아내가 부업으로 아이스크림 프랜차이즈를 운영한 적이 있었는데, 이게 상당히 매력적으로 느껴졌어요. 상업적으로는 '브랜드 구조를 잘 만들면 성공할 수 있겠다' 하는 생각이 들었고, 사회적으로는 '별다른 기술이나 노하우가 없는 분들에게 먹고살 수 있게 도움을 드릴 수 있겠다'는 생각도 들었거든요. 그러면서 외식, 식품 창업에 대해 생각하던 때였어요.

저의 다음 일터는 죠스떡볶이와 바르다김선생 브랜드를 전개하는 죠스푸드였습니다. 제가 김밥과 떡볶이를 무척 좋아하기도 했지만, 우리나라 분식 수준을 한 단계 끌어올리며 고급화를 이끈 죠스푸드의 창업자와 대화를 나누며 그분이 꿈꾸는 비전에 공감했거든요.

당시 죠스푸드의 비즈니스에는 좋은 부분과 어려운 부분이 함께 있었는데, 저는 이걸 '상품의 콘텐츠화', 그 콘텐츠의 브랜딩으로 해결하려고 시도했었어요. 소셜 미디어를 더 활성화하고, 콘텐츠를 지속적으로 만들고, 오프라인 매장의 광고물이 더 일관성 있고 명쾌하게 전달되도록 개선했죠.

무엇보다 매장에 고객을 끌어들이기 전에, 온라인에서부

책상에서 즐기는 따뜻한 어묵티

터 화제를 일으키는 게 좋겠다고 생각했어요. 온라인 버즈량은 구매의 선행지표가 되니까.

콘텐츠를 고민하던 담당 팀 막내와 파트너가 함께 아이디어를 냈습니다. 탕비실에 있던 녹차 티백에 어묵 국물 패키지를 만들어 붙이고 '어묵 국물 티백'이라며 소셜 미디어에 올리자 반응이 무척 좋았어요.

그 반응을 지켜보던 저는 실제로 만들어보기로 했습니다. 공장을 찾아 개발을 하고, '어묵티'라는 이름을 붙이고, 브랜드와 스토리를 만들고, 패키징을 하고, 온라인 커머스 회사에 찾아가 조건을 협상하고, 마침내 얻은 결과는 엄청난 '이슈화'와 '최단 시간 완판'이었죠.

온라인 론칭과 이슈몰이 이후에는 매장에서만 구입할 수 있게 구조를 바꿨어요. 당연히 매장 방문 고객이 늘어났고, 그와 함께 떡볶이와 순대 등 메인 메뉴의 매출도 함께 상승했습니다.

나아가 모바일 딜리버리 비즈니스가 큰 폭으로 성장할 때 주요 배달 플랫폼에 좋은 조건으로 죠스푸드가 진입할 수 있었어요. 장난처럼 시작했지만, 그 누구도 생각하지 않았던 작은 어묵티에서 시작한 성장 모멘텀이었습니다.

플랫폼이 되는 하나의 빵: 삼립호빵, 식빵언니, 포켓몬빵!

식품 비즈니스에 대한 관심은 계속 이어졌습니다. 저의 다음 브랜딩 무대는 SPC였어요.

합류한 첫해인 2020년에 가장 중요했던 어젠다는 출시 50주년을 맞은 '삼립호빵'이었습니다. 단일 브랜드로 50년 넘게 생존한 몇 안 되는 브랜드 중 하나예요. 우리가 'MZ'라고 말하는 젊은 층에게 호빵을 좋아하게 만들어 판매를 늘리고, 호빵 브랜드의 지속성을 높여야 하는 과제가 있었어요.

혹시 '호찜이'를 아시나요? 호빵을 하나 넣어 전자레인지로 간단하게 찔 수 있는 개인용 찜기입니다. 모양부터 이름까지 정말 귀여운 이 굿즈는 판매 개시 2시간이 안 되어 2만 개가 팔려나갔습니다. 추가 판매가 이어지며 그해 가장 핫한 브랜드 굿즈가 되었죠.

여기서 그치지 않았습니다. 50년이 넘은 호빵 브랜드의 역사와 이야기를 담은 브랜드 북《호빵책》을 만들어 전권을 판매했고, 추운 겨울, 버스를 기다리는 분들이 조금이나마 따스하게 기다리면 좋겠다는 바람으로 만든 호빵찜기 버스 정류장도 큰 관심을 받았어요.

입사 2년 차인 2021년은 '식빵언니'의 해였습니다. 도쿄 올림픽에서 온 국민에게 감동을 준 배구 국가 대표 팀 김연경 선수와 모델 계약을 맺고 '식빵언니'라는 김연경 선수의 별명 그대로 식빵을 출시했습니다. 감동과 재미가 그대로 소비자 경험으로 이어지면서 매출을 성장시킨 프로젝트였어요.

세 번째 해에는 온 나라를 들썩이게 했던 '포켓몬빵'이 등장합니다. 맛도 맛이지만, 과거에 '띠부씰'을 다 모으지 못해 그때 못다 한 숙제를 이제라도 하기 위해 모여든 30대 남성 소비자 덕분에 명품 브랜드에나 어울리던 '오픈런'이란 말이 붙을 정도로 인기몰이를 하는 제품이었어요. 오프라인의 열기만큼 온라인에서도 수많은 관련 콘텐츠와 구매 후기가 자생적으로 만들어질 정도로 화제였죠. 중고 거래 플랫폼에

빵을 가지고 해왔던 브랜딩

서 엄청난 수의 띠부씰이 거래되기도 했습니다. 여전히 거래되고 있는 걸 보면, 브랜딩과 마케팅 커뮤니케이션을 업으로 삼는 사람에게 큰 행운이자 기쁨과 자부심을 느낍니다. 운이 많이 따르긴 했지만 그게 전부는 아니었어요. 대상고객, 상품의 종류, 띠부씰의 종류, 사전·사후 붐업 커뮤니케이션까지, 하나하나가 기획되어 움직였다는 것이 중요한 포인트입니다. 포켓몬빵 정도면 평생 안줏거리로 삼을 수 있겠죠?

모든 이가 자유롭고 행복하게 이동하도록: 쏘카

제가 지금 속한 일터는 '쏘카'입니다. '카 셰어링'으로 시작해 여행, 숙박, 전기자전거, 주차 등 통합 모빌리티 플랫폼으로 진화하고 있는 브랜드예요.

"빵을 팔던 사람이 어떻게 모빌리티 비즈니스에 진출하게 되었나요?"라는 질문을 엄청 많이 들었습니다. 다양한 분야를 경험하는 일이 현실적으로 쉽지 않지만, 저는 늘 운이 따르는 편이었어요. 그게 제 자랑이기도 합니다. 브랜드 전략 컨설팅, 포털, 제조업, 대형 유통과 커머스, 패션, 외식, 식품까지 아주 다양한 산업 분야를 경험해왔고, 대부분의 사람들이 아는 브랜드들과 일했어요. 그러다 보니 한 사람의 소비자를 여러 관점에서 이해할 수 있는 힘을 얻었다고 생각해요. 포털과 소셜 미디어를 이용하고, 대형 마트에서 쇼핑하고, 사회적 가치를 중요시하는 패션 아이템을 구매하고, 온라인에서 최저가 상품을 구매하고, 분식을 즐기고…. 이 모든 것이 한 사람이 할 수 있는 일이니까요. 브랜딩은 산업과 시장, 판매의 기반을 이해하는 일이기도 하지만, 한 사람의 행동을 이해하는 일이기도 합니다.

쏘카는 수준 높은 기술력을 갖추었을 뿐 아니라 공유 경제, 친환경 등 공익적인 훌륭한 가치관과 지향점을 지닌 브

쏘카 합류 후 촬영한 기념사진

랜드예요. 이용자들도 무형의 커뮤니티를 이루며 그것을 지원하죠. 약 5,000개의 오프라인 거점과 2만 대 이상의 보유 차량을 관리하면서 애플리케이션을 통해 이를 사용 고객과 불편 없이 연결하는 일. 이 과정에서 차량과 거점, 사용자와의 소통, 편의성 간의 무게중심을 조절해야 하는 요구가 발생합니다.

여기에서 제가 할 일이 있다고 생각했어요. 아직 한창 성장하는 중이라 부족한 게 많고, 그럼에도 더 크게 성장할 브랜드인 쏘카에는 '사람에 대한 이해'가 더 필요하다고 생각하고 있어요. 인지도와 시장점유율은 상당히 높은 수준에 올라와 있지만, 사람들이 쏘카를 더 잘 이해하게 하고 싶고 좋아하게 하고 싶어요. 쏘카의 가치관에 동의해서 우리 편이 되어 응원하게 만들고 싶어요. 그렇게 하기 위해 '나와 가까이에 있는, 이용하기 쉬운 서비스'라는 인식을 심어주는 것을 첫 번째 과제로 삼기로 했습니다.

그래서 사람들의 행동 패턴에 쏘카 브랜드를 포함시킬 수 있도록 기반을 만들고 있습니다. 고객의 사용 패턴에 더 깊숙이 들어가서 분석하고, 패턴에 따른 페르소나를 만들고, 그것을 통해 라이프스타일을 분석합니다. 적합한 상품을 만들고, 잘 소개하고, 기능적·정서적·사회적 베네핏을 실감하며 사용하게 할 겁니다.

열정적이고 스마트한 동료들과 함께 더 많은 분이 쏘카의 상품을 자유롭고 행복하게 즐기는 모습을 그리며 즐겁게 일하고 있습니다.

이제 브랜딩 이야기를 해볼까요?

이제 다시 처음의 질문으로 돌아갑니다.

브랜드란 무엇일까요? 그리고 더 나은 브랜딩을 위한 '브랜딩적 생각'은 무엇일까요? 제가 스스로를 칭하는 '브랜더'란 또 무엇일까요? 딱딱할 수도 있겠지만 재밌는 이야기들이 나올 겁니다.

먼저 브랜드brand라는 단어가 어디서 왔는지 볼까요? 어원은 옛 노르웨이어 '브란드르brandr'라는 설이 가장 신뢰를 얻고 있습니다. 옛날이니까 다 비슷비슷한 도구로 비슷한 지역에 모여 농사를 짓거나, 비슷한 가축을 비슷한 지역에 몰고 가서 풀을 뜯기곤 했겠죠.

이럴 때 '내 것'을 어떻게 구분하고 표시했을까요? 목초지에서 가축들이 섞이고, 각자의 가축 숫자가 불분명하거나 확인하기 어려워 다툼이 일어날 수도 있었을 거예요. 이런 일을 방지하기 위해 자신의 가축에 '이건 내 거야'라고 표시하기 위해 자신의 이름이나 이니셜로 낙인을 찍던 행위를 '브 란드르'라고 했답니다. 일상생활에서 써야 할 물건이 많아지 면서는 가축뿐 아니라 물건에도 낙인을 찍었을 거예요.

'자신의 것을 표시하는 행위'를 조금 더 본질적으로 파보 면, 자기 것과 남의 것을 '구별'하는 의도를 발견할 수 있습 니다. 그러니 브랜드의 본질은 '구별'이고, 이것이 지금 브랜 드의 가장 본질적인 기능인 '차별화'로 이끈 것이라고 생각 해요.

저는 이렇게 상상해요. 그 시대에도 손재주가 좋아서 곡 괭이 같은 농기구나 식기 같은 물건을 단단하고 예쁘게 만 들어 쓰는 사람이 있었을 것이고, 그 사람의 이름이 박힌 제 품을 빌려 써본 사람들은 '저 친구가 만든 제품은 품질이 좋 다'는 가치가 생겨났을 겁니다. 점점 입소문이 나면서 그 제 품을 빌려 쓰거나 "나도 네 것과 똑같은 곡괭이 하나 만들어 줄래?" 하고 의뢰하는 사람들이 생겨났을 거고요. 그럼 그 사람은 처음엔 그냥 만들어주다가 부탁이 늘자 쌀을 받고 만들어주었을 거고, 만들어야 할 개수가 더 늘어나고, 결국 가족까지 동원해서 지금까지 짓던 농사를 그만두고 곡괭이 를 만들었겠죠. 그런 계기로 브랜드 사업이 탄생하지 않았 을까요?

해외에는 사람 이름이 브랜드명이 된 경우가 많은데, 그

것도 이런 배경에서 비롯되었으리라고 생각합니다. 예를 들어 1800년대 유럽에서 품질로 이름 날리던 에르메스, 루이비통 등 명품 브랜드도 이런 맥락에 역사와 스토리가 얹어 명성을 이어오고 있는 거니까요.

달라야 산다: 구별과 차별화

앞서 이야기했듯 브랜드의 탄생 자체가 구분과 구별을 위한 것이었으므로, 차별화는 브랜드의 본질이자 숙명인 셈입니다. 일부러 '2등 전략'을 택하는 게 아니라면 작게는 경쟁 시장 내에 있는 브랜드, 크게는 모든 브랜드와 달라야 합니다. 다른 어떤 브랜드와도 다르다면 가장 좋고, 같더라도 어떤 포인트에서 가장 우수할 수 있다면 그것도 괜찮아요.

제가 최근까지 활동했던 푸드 산업군에서는 '맛'과 '건강'을 가장 중요한 화두로 칩니다. 맛과 건강을 주제로 삼지 않는 식품 회사는 없다고 봐도 무방하죠. 이것이 자신의 회사에서 다루는 제품의 본질이라서 그럴 거예요.

큰 식품 회사는 보유한 상품의 종류가 다양하죠. 상품의 생애 주기 Product Life Cycle, PLC도 대표 상품 몇몇을 제외하고는 비교적 짧은 편입니다. 그래서 회사 브랜드나 대표 브랜드의 슬로건은 포괄적으로 만듭니다.

그 많은 상품을 다 담는 그릇이어야 안심이 되는지, 뾰족하게 다듬은 말로 짚어주는 것을 대체로 좋아하지 않는 것 같아요. 제가 일했던 회사도 그랬습니다.

브랜드 슬로건은 큼직한 그릇이 될 수 있는 단어로 구성하고, 더 하위 카테고리 브랜드라든가 제품 브랜드를 뾰족하게 다듬어 설명해주는 경우가 많죠. 그리고 그게 적절하다고 여겨져왔습니다.

여러 슬로건이 있으면, 광고에 회사 슬로건을 넣을지, 대표 브랜드의 슬로건을 넣을지, 제품 브랜드의 슬로건을 넣을지, 혹은 전부 넣을지 고민해야 합니다(실제로 다 넣는 경우도 흔해요). 비용이 많이 든다는 단점이 있어도 카테고리별로 용도나 취식 패턴이 다르니 그럴 만도 합니다.

하지만 기존 기업뿐 아니라 온라인 미디어 커머스를 통해 진출한 새로운 브랜드가 시장에 참여하면서 경쟁이 너무나 치열해졌기 때문에 한 가지 어려움이 생겼습니다. 기존의 큼직한 단어로는 눈에 띄기는커녕 뇌리에 박히기 어려워졌다는 것입니다. 차별화되지 않기 때문이죠. 다음 메시지를 볼까요?

- 인생을 맛있게

- 오늘을 더 맛있게
- Share Korean Flavor
- 우리 맛으로 세계를 즐겁게
- 건강 사회 건설
- 더 나은 맛 더 맛있는 인생
- 색다른 맛으로 세상을 즐겁게 바꿉니다
- 맛으로 떠나는 여행
- 맛에 건강을 담다
- 국민의 건강을 최고의 가치로 새로운 식문화를 선도
- 바른 먹거리로 사람과 지구의 건강한 내일을 만드는 기업

우리나라를 대표하는 유명하고 큰 규모의 식품 회사, 식품 브랜드의 미션, 슬로건을 모아놓으면 대략 이렇습니다.

어떤가요? 확실히 달라 보이는 게 있나요? 가장 많이 보이는 단어는 역시 '맛'이죠. '건강'도 많이 보이고, '인생' '세계'도 보이네요.

이렇게 큰 테두리 안에서 다른 단어로 조합해 작은 방향으로 차별화할 수 있지만, 다른 의미를 만들어내기 어렵거나, 그렇게 하고 싶지 않을 수도 있죠. 반드시 다른 기업이 쓰고 있는 의미를 써야 하는 경우도 있을 수 있고요.

저는 '바른 먹거리, 사람, 지구, 내일' 같은 단어를 쓴 슬

로건이 좀 큼직하면서도 다른 방향의 이야기를 하는 것 같네요. '맛'이라는 단어가 들어가지 않아서 그렇게 느껴지는 것 같기도 합니다. 실은 이것도 그렇게 큰 차별화는 아닌 것 같죠?

그래서 브랜드로 어떤 개념을 전달할지 단어를 정한 뒤에는 그게 소비자로 하여금 어떤 베네핏을 느끼게 할지, 시장에서 차별화가 되는지, 소비자가 한 번이라도 더 눈을 주고 '아, 저 브랜드가 나와 맞구나' 생각해줄지 고려해야 합니다.

특히 식품처럼 특정 속성이 매우 중요한 경우에는 의미는 유지하면서 형식으로 차별화하는 방법을 많이 씁니다. 아이덴티티를 만드는 것이 슬로건만은 아니니까요. 그래서 브랜드로 어떤 개념을 전달할지, 단어를 정한 뒤에는 그게 차별화가 되는지, 고객이 한 번 더 쳐다보고 '저 브랜드는 내 것이구나' 생각할지 고려해야 합니다. 브랜드의 구조보다 전달 가능성을 우선순위에 두고 메시지를 조절하는 게 나을 수도 있습니다.

로고나 패키지 디자인을 완전히 다르게 해서 눈에 띄게 하거나, 광고 모델, 광고 형식으로 다른 모습을 보여주거나, 과장 등의 기법을 통해 상식을 깨거나 해도 좋습니다.

이런 방식을 무척 잘 이용하는 곳이 배달의민족입니다. 가장 기본적인 것만 사례로 들어볼까요? 직접 브랜드 전용 서체를, 그것도 여러 가지를 만들어서 브랜딩하고 있는데, 배민에서 만든 서체는 기존 것들과 비교했을 때 균형이 전혀 다르고 시각적 개성과 임팩트가 강한 서체입니다. 주로 영문을 선호하는 다른 브랜드들과 달리 국문으로 써도 시각적으로 인상적이에요.

각자 자기 브랜드의 아이덴티티가 담긴 여러 개의 광고물이 순서대로 붙어 있다고 할 때, 고개를 돌리다가 눈에 박히는 건 단연 배달의민족 광고일 거예요.

다른 브랜드에서는 전혀 찾아볼 수 없는 컬러, 독특하고 볼드한 서체를 사용하죠. 게다가 국문으로 쓰고, 독특하고 간결한 캐릭터까지 있으니 시각적 끝판왕이 아닐까 싶을 정도예요. 실제로 초기에 포스터나 배너, 각종 잡지 광고도 흰 바탕에 재치 있게 쓴 음식 관련 카피로 제작해 큰 화제가 되기도 했습니다.

시각적인 것뿐만 아닙니다. 이벤트를 열어도 기존 마케팅 문법을 활용하되 '소믈리에'라는 용어를 '치믈리에'로 비틀어 치킨이라는 대중적인 소재를 가지고 최고의 호텔에서 매우 럭셔리하게 전국 규모로 연 이벤트 '치믈리에 페스티벌'도 화제가 되었죠.

배민의 번뜩이는 마케팅

갖고 싶은 것을 산다, 필요한 것이 아니라

지금은 예전보다 더 많이 '사는' 시대입니다. 필요한 것이 많아진 것도 사실이지만, 필요한 것needs보다 갖고 싶은 것wants을 더 많이 사죠. 필요만이 존재하던 시절, 만들면 팔리던 시절을 지나서는 산업화를 거치며 기술 발달 덕에 오랫동안 망가지거나 변형 없이 쓸 수 있는 '질 좋은 상품'이 인기를 얻었고, '품질 경영'이라는 말이 나왔습니다. 이때를

44

지나서 현재로 오면, 좋은 품질은 성공의 필수 조건이지 더 이상 충분 조건이 아니게 되었어요. 우리가 이미 아는 이야기죠.

청바지나, 선글라스나, 신발이나 심지어 자동차까지. 나에게 '필요한' 제품의 수는 대체로 하나뿐이지만, '갖고 싶은' 욕구는 여러 개입니다. 저도 청바지 다섯 벌, 선글라스 2개가 있고, 신발과 모자는 각각 20개도 넘어요. OTT 서비스도 4개를 구독하고, 텀블러도 10개가 넘습니다. 누구나 소셜 미디어를 이용하면서 콘텐츠를 생산하는 이들이 많아지고, 취향에 맞는 콘텐츠를 골라 보며 영향을 주고받는 세상입니다. 그만큼 개인화되었고, 구매 의사 결정에 영향을 미치는 요인이 많아졌어요. 기존 방식으로 확산되던 큰 유행macrotrend의 파급력은 줄었고, 작은 유행microtrend이 다양해졌어요. 그에 반해 지속 기간은 짧아졌고요.

그런 요인들에 따라 우리는 삽니다. 우리는 우리가 좋아하는 것을 산다고 생각하지만, 실은 우리는 우리가 사는 것이 좋은지 좋지 않은지 잘 몰라요. 우리는 좋은 것을 사는 게 아니라, 좋다고 '알려진' 것을 삽니다. 팔로하는 트렌드세터의 이야기를 믿거나, 그 사람이 쓰는 제품을 보고 좋다고 믿는 거죠.

우리는 참 재미있는 존재예요. 어떤 것은 남들이 많이 가진 걸 갖고 싶어 하고, 어떤 것은 남들이 가지지 않은 걸 갖고 싶어 해요. 어떤 것은 변하는 게 싫고, 어떤 것은 변화 없는 게 싫죠. 이런 상황에서 어떻게 해야 고객 눈에 들어야 할까요? 브랜드는 어떤 역할을 해야 하고, 그러려면 브랜딩은 어떻게 해야 할까요?

브랜드 다음은 브랜딩

브랜드가 차별적인 하나의 생각이나 개념이고, 그 생각·개념을 드러낼 수 있는 브랜드 네임과 디자인, 슬로건을 뽑아냈다면 이제 비로소 브랜드가 만들어진 거예요. '외형상의 차별화'를 하는 데 성공한 겁니다. 작은 성공이지만, 이것도 제대로 못하는 분들도 많아요.

잠깐 정리해볼까요? 브랜딩은 대개 다음과 같은 과정을 거칩니다.

1. 차별적인 생각과 개념을 말과 글, 그림으로 설명하는 과정 (브랜드 아이덴티티 수립)

2. 그 생각과 개념을 널리 퍼뜨리는 과정(브랜드 인지도 제고)

3. 그 생각과 개념을 좋아하고 참여하게 만드는 과정(브랜드

　　선호도 제고)

　4. 브랜드를 사랑하게 되고, 반복 구매하고, 주변에 권유하는
　　　과정(브랜드 로열티 구축)

　다시 말하지만, 이제 시작입니다. 게다가 모든 브랜딩이 이 순서대로 이루어지지도 않아요. 언제 어디서 뭐가 어떻게 터질지 모르는 환경이기에 '브랜드는 생물'이라고도 하나 봅니다. 계속 자라날 뿐 아니라 기르는 사람의 방향에 따라, 주변 환경에 따라 다른 형태, 다른 크기, 다른 가치관을 담아 다른 사람들과 관계를 맺으며 다르게 자라나니까요. 분명한 것은 '아이덴티티'가 있어야 그 자격이 주어진다는 것이에요.

　저는 포카리스웨트라는 브랜드를 좋아합니다. 갈증 해소, 내 몸에 가까운 물, 파란색과 흰색의 컬러 아이덴티티 등의 메시지를 전하고 싶어 하는 브랜드죠. 하지만 한국과 일본, 대만 등 지역에 따라 펼치는 브랜딩 방식이 서로 다릅니다. 모델을 선정하는 방식과 광고의 톤 앤드 매너도 완전히 달라요. 시장의 환경, 대상 고객, 문화와 가치관이 다르다 보니, 브랜드의 기본 메시지를 그 나라 소비자에게 가장 잘 전할 방법을 찾은 것이 아닐까요?

브랜딩의 방식이 다른 한국(위)과 일본(아래)의 광고

브랜드 아이덴티티는 고유한 가치 체계에서

브랜드는 가치 체계를 지녀야 해요. 가치 체계는 그 기업이 어떤 창업 이념을 지녔는지, 세상에 어떤 도움이 되는 일을 하며 돈을 벌어왔는지, 세상에 어려운 일이 덮쳤을 때 어떤 태도로 어떤 일을 행했는지, 세상이 분열되었을 때 어떤 편에 섰는지 등 그 기업이 쌓아온 생각과 행동에서 출발합니다.

브랜드 가치 체계의 핵심이 브랜드의 '미션'이고, 저는 브랜드 미션을 '이 브랜드가 세상에 존재하는 이유'로 정의합니다. 브랜딩의 모든 것은 이 브랜드 미션을 기반으로 합니다. 내 브랜드가 무엇을 원하고, 어디를 향하는지, 앞으로의 세상은 어떤 모습이 되어야 한다고 생각하는지, 앞으로의 사람들은 어떤 생활을 해야 한다고 믿는지, 그런 세상을 만드는 데 어떤 기여를 하려고 하는지 등을 생각해야죠. 이를 회사 안에서도 알고 있어야 하고, 회사 밖에서도 알게 해야 합니다.

비전도 필요합니다. 비전은 '미션을 잘 수행했을 때 세상과 사람들로부터 인정받는 우리의 모습'이라고 할 수 있어요. 이건 외부에 알리기보다 내부 구성원에게 알리는 것이 중요하다고 생각합니다. 또는 정량적 목표가 포함되기도 해서, 투자자나 이해관계자에게 어필하기 위한 용도로 많이 활용하죠.

가치 체계는 초점이 보이도록, 상이 맺혀 그려지도록 만들어야 합니다. 미션을 바탕으로 우리가 가져야 하는 단어나 문장을 정하고, 그를 더 잘 전하기 위한 키 메시지와 키 비주얼을 만들고, 또 그를 바탕으로 디자인하고 커뮤니케이션합니다. 이런 것을 정하고 만들 때는 반드시 사람들이 그모든 걸 어떻게 경험할 것인가까지 상상하고 고려해 수립해야 합니다. 커뮤니케이션까지 실행했을 때, 사람들이 그걸 잘 이해하고 받아들일지도 함께 생각해야 해요. 그렇지 않으면 말뿐인 계획이 되어버릴 겁니다.

가령 이런 미션이 있다고 칩시다.

'모든 사람이 건강하고 행복하게 먹는 세상을 만듭니다.'

잘 만든 미션 스테이트먼트로 볼 수도 있지요. 업業도 보이고, 대상 고객과 지향하는 바가 들어 있으니까요. 하지만 '건강하고 행복하게 먹는 세상'이란 게 어떤 건지 잘 그려지지 않아요. 회사가 너무 크거나 브랜드의 폭이 크면 이런 미션이 어울리지만, 대부분 그렇지 않을 겁니다.

'건강' '행복' 같은 단어는 의미의 범위가 너무 크기 때문에 다소 흔하고 모호합니다. 그 말이 가리키는 범위를 축소시켜 더 명확하게 해줄 필요가 있어요. '건강에 신경 쓸 시간과 노력을 줄여준다'거나, '몸에 대한 자신감을 키워준다'거나. 이렇게 나의 특성을 더 명확하게, 내가 추구하는 세상을 더 구체적인 단어로 표현해야 아이덴티티 시스템을 만들 기반을 쉽게 구축할 수 있습니다.

브랜드 아이덴티티 시스템이 잘 갖춰져 있으면 다음과 같은 장점을 누릴 수 있어요.

1. 다른 브랜드와 차별화되어 브랜드 포지션 및 상품의 USP Unique Selling Point를 명확화할 수 있다.
2. 사업을 확장해야 할 때, 미션이 그 방향을 정할 수 있어 고민이 줄어든다.
3. 구성원에게 전파하기 쉬워 의사 결정을 위한 동의를 구하기 쉽다.
4. 동의하는 소비자가 많으면 팬 커뮤니티가 형성된다.
5. 소구할 키 메시지 key message를 도출해 커뮤니케이션 콘텐츠의 방향을 잡기 쉽다.

이외에도 좋은 점이 많고, 이것들이 가능해지면 브랜딩뿐 아니라 사업 활동 전반에 투여되는 자원을 아낄 수 있습니다.

제가 좋아하는 또 다른 브랜드인 '파타고니아'의 브랜드

파타고니아의 브랜드 미션

미션은 이렇습니다.

우리는 최고의 제품을 만들되 불필요한 환경 피해를 유발하지 않는다. 환경 위기에 대한 공감대를 형성하고 해결 방안을 실행하기 위해 사업을 이용한다. Build the best product, cause no unnecessary harm. Use business to inspire and implement solutions to the environmental crisis.

이걸 모두가 매일 볼 수 있도록 파타고니아 본사 직원 식당 입구에 걸어두었다고 합니다. '최고의 제품, 환경 피해 최소화, 환경 위기 해결 방안 실행' 정도로 요약할 수 있겠네요. 이 정도면 매우 구체적이어서 브랜딩에 가이드가 되는,

행동을 유도하는 미션이 될 수 있어요. 제가 말씀드린 다섯 가지 모두에 사례로 쓸 수 있을 만큼 좋은 미션이라고 생각합니다.

브랜드를 띄우는 것

소비는 연애와 비슷합니다. 내 눈에 다른 것(차별화)이 눈에 띄고 아름다워 보입니다. 아름답다고 생각하는 것이 하루 종일 생각나고, 갖고 싶어지죠. 처음 보고, 눈에 띄고, 생각하게 되고, 사랑에 빠지고, 연애를 시작합니다.

일하는 도중에 기사 링크가 담긴 메시지를 하나 받았습니다. 다른 브랜드가 한 일, 잘한 것처럼 느껴지는 일, 아마도 '우리도 이런 것 좀 해보자'는 의도가 담긴 메시지였겠죠.

다른 브랜드가 하는 것을 알고 있으면 '요즘 유행하는 것'을 이해하는 데 도움이 될 수도 있지만, 때론 사고의 폭을 한정하는 테두리가 될 수도 있습니다. 그걸 기준으로 삼고 따라가려는 생각에, 색다른 관점에 오히려 의문을 표하게 되는 경우죠. "그렇게 잘나가는 브랜드도 그렇게 했는데 우리는 왜 다르게 해야 해?"라는 말이 나옵니다.

그래서 '어떻게 하면 그렇게 할 수 있을까?'가 아니라 '어떻게 하면 그렇게 안 할 수 있을까?'라는 관점 또한 중요합니다. 우리는 우리만의 메시지를 가져야만 합니다. 한 단어가 될 수도 있고, 한 문장 아니면 한 단락이 될 수도 있어요. 브랜드와 시장, 고객에 따라 달라질 수 있지만, 차별적 메시지를 가져야 하며, 그 메시지를 전하는 형식이나 방법까지 다르면 더 좋을 거예요. 브랜드를 만든 후 다른 메시지까지 확보했다면, 브랜드를 띄울 수 있는 필요 조건이 갖춰진 겁니다.

브랜딩적 생각

콘퍼런스나 학교 혹은 규모가 좀 작은 클래스에서 강의나 스피치를 하는 일이 종종 있습니다. 청중에 따라 조금씩 다르지만, 거의 드리는 말씀이 이래요.

"여러분이 지금 하시는 일, 오래 하지 못할 겁니다. 회사에서 마케팅이나 브랜딩, 디자인을 하신다면, 이직을 하거나 스스로 그만두거나 안타깝지만 잘리거나, 저도 마찬가지지만 그런 일을 겪을 거예요.

수명은 길어지고, 경제는 점점 더 어려워지고(지금까지 살아오면서 경기 좋다는 이야기, 들어보신 분 계신가요?), 이직이라는 건 끝없이 할 수 없고, 나를 찾는 사람, 나를 찾는 회사가 줄어듭니다.

자신만의 일을 할 때가 반드시 옵니다. 그때를 미리 준비해야 해요."

- 나의 브랜드를 만든다면 어떤 종류의 상품을 다뤄야 할까?
- 그 상품은 누구를 대상으로 준비하고 어디서 팔아야 할까?
- 브랜드에 어떤 개념을 담아야 차별성과 경쟁력이 있을까?
- 세상에, 시장에, 사람들에게 어떤 메시지를 던져야 할까?
- 그 메시지가 거짓이 되지 않으려면 뭘, 어떻게 해야 할까?
- 지속성은 어떻게 확보해야 할까?

이런 고민과 생각을 해야 차별성을 확보하고 시장에서 눈에 띌 수 있을 겁니다. 그런 고민 없이 갑자기 시작한다면 일관성을 유지하기 어려울 것이고, 브랜드에 개념, 일관적 아이덴티티와 선호도를 쌓지 못할 거예요. 매번 새로 시작해야 해서 너무나 많은 자원이 들어가게 될 겁니다.

지금부터는 '브랜딩적 생각'을 이야기합니다. 브랜딩에 이르는 과정은 앞서 간단히 이야기했고, 그런 과정 사이사이에, 그리고 처음부터 끝까지 필요한 기본적인 사고방식을 알아보려고 해요. '좋은 브랜딩 관점의 원칙'이라고도 할 수 있는 이런 생각을 툴tool로 갖추어놓으면, 자신만의 브랜드를 만들기가 좀 더 수월할 거라고 믿어요.

브랜딩적 생각

브랜드를 만들거나 관리하는 데 있어 이름을 짓는 일, 아이덴티티를 수립하는 일, 콘셉트를 잡는 일, 키 비주얼을 뽑는 일, 브랜드 페르소나를 뽑는 일, 브랜드 간 관계를 설정하는 일, 브랜드를 다른 카테고리로 확장하는 일, 브랜드를 팔 대상을 선정하는 일, 브랜드를 커뮤니케이션하는 일, 브랜드의 가치 체계를 설정하는 일, 브랜드의 슬로건을 만들고, 헤드·서브·보디 카피를 쓰는 일, 영상 콘텐츠를 만드는 일까지. 브랜드와 브랜딩에 대해 저마다 여러 가지 이야기를 하고, 그 폭도 어마어마하게 넓어졌어요.

브랜드 매니저나 브랜드 디렉터라는 명칭은 폼이 난다고 여겨지고, 인기 있는 직함이 된 지 꽤 되었어요. 창업 열풍이 불어서 브랜드가 늘어난 것도 있고, 미디어 커머스 광풍이 불어 상품 광고 콘텐츠에 퍼포먼스 마케팅을 붙이고, 짧은 기간 노출을 확 늘려서 상품을 파는 이른바 '숏텀 브랜드'도 많아지면서 자신을 "×××브랜드의 브랜드 디렉터 ○○○입니다" "작은 브랜드를 하나 하고 있어요" 등으로 소개하는 분이 부쩍 많아졌어요.

그런 브랜드들이 궁금해서, 그분들을 만나 이렇게 물어봅니다.

"그 브랜드를 한 문장으로 요약하면 뭐라고 할 수 있을까요?"
"그 제품이 대상 고객에게 줄 수 있는 베네핏이 무엇인가요?"
"경쟁하는 다른 브랜드들과 뭐가 다른가요?"
"그 브랜드로 뭘 이루고 싶으세요?"

그런데 시원하게 답하는 분이 많지 않아요. 답을 하긴 하더라도 '디렉터'라는 직함에는 어울리지 않는 마뜩잖은 답일 때가 많습니다. 잘 팔리고 있다면 그나마 다행스럽지만, 잘 팔리는 게 다가 아니에요.

브랜드의 시스템이 잘 안 잡혀 있는 브랜드가 생각보다 많다는 의미이거나 브랜드와 비즈니스, 브랜딩과 마케팅, 세일즈의 구분조차 잘 안 되어 있다는 의미일지도 모릅니다. 꼭 눈에 보이는 브랜드 시스템이 아니더라도 디렉터의 사고에 녹아 있는 브랜드 체계가 명확하지 않다는 것에 대해 개의치 않는다는 것도 놀라운 점입니다.

그런 체계 없이도 리더의 강한 힘으로 의사 결정을 하며 별문제 없이 나아가는 경우도 있지만, 일이라는 것이 매번 잘되지는 않지요. 성과가 좀 덜 나는 경우가 오면 이게 본인에 의해, 동료로 인해 흔들리게 됩니다. 반드시 그런 일이 생겨요.

그래서 우리가 아는 것을, 우리의 생각을, 우리가 추구하는 바른 말이나 글, 그림으로 표현하는 것은 상당히 중요합니다.

이런 체계를 만들고, 서로 이야기하고, 이걸 긴 글로, 짧은 글로 쓰고, 그림으로 만들고, 영상으로 담아보면서 실체가 완성되고, 이걸 몇 번 거치며 얻을 수 있는 게 결국 '브랜딩적 생각'입니다.

일시적으로 잘 팔릴 수 있어요. 콘텐츠가 터져서, 매장에 줄이 길게 서서, 어떤 연예인이나 인플루언서가 써서 갑자기 눈에 많이 띄고 잘 팔릴 수 있습니다. 문제는 지속성이에요. 우리 주변에 봐도 엄청 빠르게 품절되고, 줄 서고, 소셜 미디어를 지배하다시피 하다가 갑자기 확 사라진 제품, 식당, 카페, 심지어 이름도 기억 못하는 브랜드가 얼마나 많아요?

브랜딩적 생각을 가지면 고객과의 관계도 수월해집니다. 사업과 브랜드의 관계가 규정될 것이고, 브랜드의 역할과 가치는 더 명확해질 것이고, 브랜드는 시장에서 더 차별화된 포지션을 가질 것이고, 의사 결정을 할 때 구성원의 공감을 얻기 쉬워져서 브랜딩이 더 빨라질 거예요. 고객 입장이 되어 혜택 중심이 될 것이고, 고객에게 더 쉽게 사랑받을 수 있습니다. 제품 생애 주기와 고객 인식의 관계를 잘 이해해서 언제 무엇을 해야 할지 자연스럽게 판단할 수 있을 거예요.

동시에, 책상과 회의실에서의 업무 시간이 줄고, 사유하고 상상하는 시간, 창의성을 배양하는 시간, 타인이 한 멋진 일을 보고 감탄하며 배우는 시간이 늘 겁니다. 하는 일이 의도대로 되어가면서 팀의 결속이 단단해지고, 팀워크는 더 매끄러워질 겁니다.

또 계속해서 좋은 결과물이 나올 겁니다. 사람들이 우리 브랜드를 믿어주고, 사주고, 사랑하게 되고, 주변에 소문을 내주고, 열광해주면 우리 제품이 더 잘 팔립니다. 일하는 우리는 승진하고 급여를 더 많이 받게 될 거예요. 우리 몸에는 건강이, 마음에는 평화가 찾아옵니다. 이게 반복되면 당신뿐 아니라 더 많은 사람이 행복해지고, 세상은 더 아름다워집니다.

브랜딩적 생각은 결국 팬을 만듭니다. '브랜드 지속성'의 기반이 될 겁니다.

브랜딩과 사람의 관계

브랜딩을 위해서는 시장과 경쟁사도 중요한 고려 대상이긴 하지만, '나 자신'과 '다른 사람들(소비자)'에 기반을 두어야 합니다. 브랜딩에서 나와 소비자의 관계보다 더 중요한 것은 없습니다. 브랜딩적 생각을 할 때 주체는 '나 자신'이자 '내 회사'입니다. 내 생각이 무엇이고, 내가 잘하는 게 무엇이고, 내가 사람들과 세상에 무엇을 줄 수 있는지 먼저 생각해야 해요. 앞서 말했던 나의 가치 체계가 가장 중요한 기반이 됩니다.

내 생각을 표현하고, 내가 잘하는 것을 행하는 것에서 그쳐서는 안 됩니다. 그와 동시에 내 생각, 내가 하는 일에 동의하고 응원하고 지지해주는 사람이 나타나야겠죠. 이런 분들이 결국 나를 좋아해주고, 나의 메시지를 이해하고, 퍼 나르고, 내가 만든 것을 사주고, 전파해줄 겁니다.

다시 한번 강조하지만 브랜딩적 생각은 '나만 잘하면 되는 것'을 의미하지 않습니다. 내 일을 하면서 사람들의 지지를 받기 위해 '내가 잘하는 것'과 '사람들이 좋아하는 것'의 교집합을 만들어야 하죠. 그리고 그 교집합의 크기를 지속적으로 늘려줘야 합니다. 그래야 브랜드와 나의 성장을 이뤄낼 수 있으니까요.

이처럼 나의 브랜드와 함께 생각의 프레임에 넣어야 할 것은 '사람들'입니다. 사람들을 바라보며 관찰하고, 사람들의 생각과 행동의 원인을 찾고, 브랜드와 사람 간의 관계를 만들고 그 관계를 강화하는 활동을 하는 것이 바로 브랜딩입니다. 관계를 강화하는 활동에 몰입하다 보면 월등한 경쟁력을 갖추게 되거나 다른 경쟁력을 찾아 만들거나 결국 시장의 트렌드를 만들고 이끌게 될 거예요.

그래서 '브랜딩을 한다'는 말에는 크게 다음 다섯 가지 의미가 담겨야 해요.

브랜딩적 생각 5개 범주

1. '브랜딩은 기분의 영역을 다루는 것'이라는 전제를 가진다.

2. 브랜드의 생각을 '핵심 연상 이미지'로 구축한다.

3. 이 연상 이미지를 널리 알려 인지도를 높인다.

4. 선호도를 높여 좋아하게 한다. 자꾸만 생각나게 한다.

5. 더 끈끈한, 의리와 사랑을 주고받는 오랜 친구/팬 관계를 맺는다.

기본적으로 '논리'보다 사람들의 '기분'을 다룬다는 관점으로, 내 브랜드의 철학과 가치 체계를 기반으로 브랜드를 만들고, 그렇게 만든 내 브랜드를 되도록 많은 사람들에게 알리고, 내 브랜드를 아는 이들이 내 브랜드를 좋아하게 하고, 자꾸만 생각나게 하고, 브랜드를 좋아하게 된 이들과 감정을 주고받으며 관계를 오래 끌고 가는 것. 그리고 이 다섯 가지를 '감정'을 생성시키고 주고받는다는 관점을 알고 준비하고 실행하는 것. 이 '브랜딩적 생각'을 갖춘 사람이 더 나은 브랜딩을 할 수 있습니다.

이제 앞서 이야기한 다섯 가지 범주를 하나하나 풀어볼게요.

브랜딩적 생각 1: 브랜딩은 감정과 기분의 영역을 다루는 것

● 비즈니스를 건축물로 본다면

우리가 건축물을 짓는다고 가정을 해봅시다.

자원(예산, 시간, 인력)을 얼마나 들이고, 어디에 위치한 몇 평의 땅에 몇 층으로 지을지, 층별로 기능에 따라 공간을 어떻게 나눌지, 계단과 엘리베이터, 화장실은 어디에 몇 개씩 배치할지, 방문객 수를 예상해서 주차장을 몇 면으로 할 것인지, 운영 인력은 어떻게 배치하고, 건축물에서 나오는 쓰레기는 어떻게 처리할지 등을 결정해야 하죠.

이때 들어가는 자원을 산출하고, 그에 맞게 '이 정도면 한 층에서 임대료가 이만큼은 나와야겠네' '어떤 업종은 임대를 줄 수 있겠고, 어떤 업종은 못 주겠다' 등의 방향으로 생각이 흘러갈 거예요. 건축물의 미래 가치도 어느 정도 추산할 수 있을 거고요.

하지만 그게 다가 아니죠. 건축물의 위치와 기능적 용도에 따라서 외관을 어떤 모양으로 디자인할지 정해야 합니다. 외장재는 기능적인 것만 생각할 수 있나요? 심미적인 것도 생각해야겠죠. 청소도 해야 하고, 건물 명패를 어떤 위치에 어떤 사이즈로 달지도 봐줘야 합니다.

건축물의 기능 또는 주변 상황에 따라 꼭대기에 탑을 세우거나, 외벽에 킹콩 혹은 피카츄 같은 캐릭터를 달 수도 있어요. 1층에 나무를 심는다고 한다면 어떤 나무를 심을까요? 꽃이 피는 나무가 좋을까요, 낙엽이 떨어지는 나무가 좋을까요? 어떤 나무가 관리하기 편할까요?

계속 가봅시다.

로비의 메인 소재는 대리석으로 할지, 노출 콘크리트로 할지, 조명의 조도는 어떻게 할 것이고, 로비에 어떤 소리가 들리게 할지, 온도는 날씨에 따라 어느 정도로 맞출지, 엘리베이터 속도는 어느 정도로 할지, 엘리베이터 내부에는 거울을 붙일지, 광고를 보이게 할지, 건축물 운영 스태프는 어떤 옷을 입게 할지, 주차장 벽면의 표시는 어디에 어떻게 적용할지. 정보를 주면서 보기에도 좋아야 합니다. 예쁜 서체가 좋을까요? 멀리서도 잘 보이는 서체가 더 나을까요?

1층에 유명한 연예인이 운영하는 베이커리 카페를 입점시키면 어떨까요? 임대료는 조금 덜 받더라도 사람들이 많이 오고, 홍보도 더 쉽게 될 거잖아요? 그러면 건물 가치가 더 올라가지 않을까요? 아냐 아냐, 맛이 없을 수도 있지. 그러면 유명 셰프가 하는 오스테리아를 입점시키는 게 나을까요?

고민이 너무 길었나요? 앞에서 나열한 고민 가운데 전자는 건축물이 내게 필요한 것을 충족시키는 '기능'의 영역을 다루고, 후자는 건축물이 나의 감정을 매만져주는 '감성'의 영역을 다룹니다.

대개 건물을 방문할 때 필요에 따라 어떤 거래처, 학원, 병원, 식당과 카페가 있는지 고려하지만, 대부분은 똑같은 기능의 건물이라 해도 외관이 예쁘고, 입구 옆에 아름다운 나무가 있고, 표지가 잘 정돈되어 있고, 온도와 조도가 알맞고, 단정한 옷차림의 스태프가 있는 건물을 좋아합니다.

두 건축물의 기능이 같다고 전제했을 때 무슨 차이가 있을까요? 바로 '느낌'입니다. 이용하면서 받는 느낌 말이에요. 기능을 이용하기 전 기대감을 증폭시키거나, 문을 열고 들어갈 때, 로비를 걸어갈 때, 엘리베이터를 기다릴 때 내가 더 나은 사람이 된 것 같은 느낌을 주는 곳을 우리는 좋아합니다.

우리가 식사하기 위해 식당에 갔을 때, 눈을 마주치며 인사를 나누고, 추운 겨울이라면 따뜻한 물수건을 가져다주고, 젓가락이 떨어지면 소리만 듣고 가져다주고, 두리번거리면 빠르게 와서 필요한 것을 묻고, 식사를 하는 중에 계속

소리 없이 오가며 빈 그릇을 채워주면 날 신경 써주는 듯한 느낌이나 챙겨주는 듯한 느낌을 받겠죠. 우리 기분을 움직이는 그런 것들, 우리가 브랜딩이라고 일컫지 않지만 브랜딩이에요.

그다지 아름답지 않고, 깨끗하지 않고, 의자와 테이블, 식기가 사진을 찍을 만큼 예쁘지 않을지라도 사람들은 그 느낌을 기억하고 다른 이들에게 이야기합니다. 기능이 본질이지만, 느낌과 감정을 더 많이 이야기하죠. 느낌, 감정을 조금 일상적으로 '기분'이라고 말합니다.

브랜딩은 바로 그 지점을 포착합니다. 사람들의 기분을 다루는 거예요.

● '좋은 것'을 사는 것이 아니라 좋다고 '알려진' 것을 산다

아이폰과 갤럭시 중 뭐가 더 좋을까요? 래미안과 자이 중 뭐가 더 좋을까요? 코카콜라와 펩시 중에는요? 에이스와 시몬스 중에는 뭐가 더 좋은 겁니까?

나이키와 아디다스, 루이 비통과 구찌, 디스이즈네버댓과 아더에러, 유니클로와 자라, 벤츠와 볼보 중에는 어떤 게 더 좋은 거예요?

저는 알아요. 그래서 답할 수 있어요. 여러분도 아시죠? 답하실 수 있을 겁니다. 하지만 여러분의 답은 제 답과 다를 거예요.

어떤 게 정답일까요? 제가 답한 것은 저의 답, 당신이 답한 것은 당신의 답. 자신이 구매하는 거니까, '자신이 좋다고 인식'하는 것이 답입니다. 그걸 '인식된 품질perceived quality'이라고 해요.

이 답에 영향을 미치는 게 뭘까요? 우리는 찾아보고 물어보며 꼼꼼하게 따져서 구매하지만, 그렇다고 해서 모든 것을 사볼 수 없고 모든 것을 직접 경험할 수 없습니다.

제품의 성능 스펙, 광고, 제품과 패키지의 디자인, 가격, 브랜드 이미지, 구매 경험, 지인의 추천, A/S, 희귀성, 타인들의 인정까지. 이런 것뿐 아니라 그 회사 CEO나 직원의 이미지, 사용하는 건물의 크기, 매장 규모와 디자인, 매장 직원의 유니폼 등도 영향을 줍니다. 이 모든 것이 '좋다고 알려지는' 데 영향을 주며, 그래서 이 모든 것이 브랜딩의 대상이 됩니다.

브랜딩을 하는 분 중 '브랜드 아이덴티티 시스템을 만들고, 이를 커뮤니케이션을 통해 알리고, 전달하는 것'이 브랜딩의 전부라고 생각하는 분이 아주 많습니다만, 거기서 그쳐서는 안 됩니다. 그런 것들은 너무나 기본이니까요.

브랜딩에는 고객과의 접점 모든 곳에 이미지와 품질을 인식시키는 것뿐만 아니라 책임감 있는 관리도 포함됩니다.

그래야 '이게 당신에게 좋은 것'이라고 알릴 수 있으며, 그 활동이 고객의 신뢰를 형성하는 바탕이 됩니다.

다시 한번 강조하지만, 우리는 '좋은 것'을 사지 않습니다. '좋다고 알려진 것'을 삽니다.

● 브랜딩의 시작은 상품으로부터

상품이 기획되거나 만들어진 후에 브랜딩이 시작된다고 생각하는 분이 많을 겁니다. 당신도 그럴 거고, 저도 그랬어요. 아주 많은 회사나 브랜드가(어쩌면 거의 모든 회사와 브랜드가) 그렇게 하고 있어요. 그렇게 하면 어떻습니까? 죄 짓는 것도 아닌데.

그런 것도 방법입니다만, 브랜딩을 하다 보면 내 상품, 우리 동료들이 심혈을 기울여 만든 상품을 소개하고 싶고, 많이 팔고 싶은 마음이 너무나 강한 나머지, 과대 포장하거나 없는 말을 만드는 경우도 있어요.

이건 좋은 브랜딩이 아니죠. 브랜딩을 하면 할수록 '우리 제품은 광고한 것만큼 좋은 제품은 아니야!'를 더 널리 알리는 격이 될 겁니다.

좋지 않은 식재료로 밥상을 예쁘게 차리고, 아주 많은 이들을 초대해서 식사를 대접했는데, 식재료 때문에 온 사람들 대부분이 배탈이 났다면?

다음 초대에도 그 사람들이 과연 올까요?

소비자와 경쟁사, 트렌드, 시장을 스터디하고 거기에 던지고 싶은 메시지가 있다면, 상품을 기획할 때부터 그 메시지에 맞는 상품을 만들도록 해야 합니다.

개념만 갖고도 브랜딩을 할 수 있고, 그렇게 하는 분이 많은 것은 알지만, 그보다 경쟁력 있는 브랜더는 상품까지 파고들어야 합니다. 상품을 기획할 때부터 자신의 브랜드와 소비자에 대한 의견을 적극적으로 내고, 그렇게 만들어지도록 근거를 제시하고, 꿈을 보여줘서 시장에 던지고 싶은 메시지를 상품화해야 합니다.

누구나 콘텐츠를 만들고, 리뷰를 하고, 릴리즈를 할 수 있는 세상입니다. 출시 직후부터 상품평이 올라옵니다. 상품은 곧 콘텐츠예요. 콘텐츠를 판매한다는 생각으로 만들어야 해요. 상품 자체만으로 파는 세상이 아닙니다. 어떻게 알리고 좋아하게 할지 브랜딩과 연관시켜야 합니다. 내가 만든 상품과 내가 만든 브랜딩 메시지가 다르다면 신뢰를 얻을 수 있겠습니까? 재구매가 이루어지지 않고 좋은 브랜드가 되지 못하겠죠.

● **Audiences Want More than Logic: 논리 이상의 것을 원해요**

'이건 대박이야!'

캠페인이나 광고, 커뮤니케이션의 실행 아이디어를 낸 후에 이걸 세상에 선보이면 아주 끝장이 날 것 같은 뿌듯함, 벅차오름, 설렘 같은 감정을 느껴본 적 있나요?

저는 있어요. 꽤 자주 있는 일입니다. 부럽나요? 아닐 거예요. 여러분에게도 그런 일이 꽤 있었을걸요? 하지만 실현되지 않고 아이디어에 그칠 때가 많죠. 왜일까요? 회사 내부에서 통과가 안 되는 경우가 많지 않았나요? 내 능력이 부족해서 회사 상사를 설득하지 못한 걸까요? 아니, 아니에요.

비즈니스의 언어는 '숫자'이고, 그 수단은 '논리'입니다. 브랜딩이나 마케팅, 커뮤니케이션 일을 하는 우리에게 '대박 아이디어'라는 것은 사람들이 좋아하다 못해 열광하게 만든 것들입니다. 나서서 인스타그램에 올리고, 매장 앞에 줄을 서고, 서버를 다운시키는 것들이 그런 부류의 일이죠.

그런 아이디어는 어디서 출발할까요. 논리? 숫자? 아닌 걸 이미 알고 있죠?

브랜딩하는 사람들은 기본적으로 다른 이들을 챙겨주고, 배려하고, 웃게 하는 것을 좋아합니다. 다른 이들이 기뻐하고 신나 하는 일에서 즐거움과 힘을 얻죠.

엄청 아름답거나, 엄청 재미있거나, 엄청 좋은데 싸거나, 아주 희소하거나, 아예 처음 보는 종류의 아이디어나 제품. 이런 것들을 보여주고 선물하는 걸 좋아하는 게 바로 우리입니다.

이런 아이디어나 기획이 논리적으로 잘 구성되던가요? 근거와 이유가 착착 맞아떨어지던가요? 숫자로 잘 예측되던가요?

억지로 어찌어찌 논리적 근거를 만들고, 기대한 숫자를 추산해서 회사에 보고하면 쉽게 공감받던가요? 돌아오는 말은 기대와 다를 경우가 많았을 겁니다.

"제품으로 장난하는 것도 아니고 이게 뭐냐?" "우리 회사 역사와 포지션이 있는데 이런 것에 어떻게 투자하냐?" "의도는 이해되는데 현실적으로 진짜 될까? 난 이런 걸 본 적이 없는데?"

우리 모두는 즐거움과 아름다움을 추구하고 사랑합니다. BTS와 브루노 마스의 월드 투어, 뉴욕 필하모닉 오케스트라의 공연, 리버풀과 바르셀로나의 챔피언스 리그 결승전, 피카소나 마티스의 전시에도 사람들은 줄을 섭니다. 여기에는 논리와 숫자가 작용하지 않습니다. 공연이나 경기를 보러 온 관객들이 몇 미터 줄을 서고, 몇 리터의 눈물을 흘리고, 몇 데시벨의 웃음소리를 내고, 몇천 볼트만큼 짜릿할 거고, 몇 세제곱미터만큼 감동적일까 미리 계산하지 않습니다.

래퍼 예Ye(칸녜이)나 지드래곤이 디자인에 참여한 신발은 정가의 5~10배로 리셀됩니다. 소재 공학이나 디자인 전문가가 아닌데도 말이지요. 그 신발들에는 그럴 만한 가치가 없다고 해야 할까요? 논리적으로 설명하기 어렵습니다.

작년에 산 50만 원짜리 선글라스가 있지만, 올해 하나를 또 사야 해요. 왜일까요? 작년 건 트렌드에 어울리지 않고 더이상 예쁘지도 않으니까요. 하지만 그걸 알아보는 사람은 나어쩌면 자신뿐일 겁니다. 이것이 논리적인 선택일까요?

구매 행동이라는 게 이렇습니다. 논리만으로 100% 설명되지 않아요. 실제로 이유가 없는 게 아니라 '설명하기 어려운 다른 무엇'이 있는 거예요.

Audiences Want More Than Logic(청중은 논리 이상의 것을 원해요).

직장 생활을 시작한 2000년대 초반, 기억도 나지 않는 어떤 책에서 본 건데 아직까지 가슴에 품고 있는 글입니다. 일을 하면서 다른 이들에게 '참 잘했다' '진짜 좋았다'는 평가를 받으며 직접 검증한 말이기도 해요.

사람들은 논리 너머의 것을 원합니다. '우리가 이런 걸 하면 사람들이 즐거워할 거야. 우리가 유명해질 수도 있고, 사람들이 줄을 설 수도 있어. 그중 몇 명은 계속 찾아올 거야.

우리를 좋아하게 될 거고, 우리를 믿을 거야. 그중에 우리와 친구가 되는 이들도 있을 거야.'

이런 생각은 느낌이나 감에서 올 수도 있고, 직접 겪은 경험에서 올 수도 있습니다. 물론 책에서 읽을 수도 있죠. 논리가 전혀 맞지 않아도, 숫자로 예상할 수 없어도 사람들이 좋아하는 게 존재한다는 것을 믿고, 그 믿음을 전파해봅시다.

그래서 브랜딩은 신앙 같은 겁니다. 성당이나 교회에 가서 헌금 내듯이 내는 거예요. '믿음'으로 투자하세요. 그런 게 있다는 것을 믿고 받아들이고 자원을 들이는 것 또한 브랜딩적 생각입니다.

브랜딩적 생각 2: 핵심 연상 이미지의 구축

브랜드는 결국 사람들에게 '인식'되어야 합니다. 그러자면 의미가 있어야죠. 내 상품과 서비스가 사람들에게 어떤 의미가 될지 개념화해야 합니다. 가장 좋은 방법은 내 브랜드, 상품, 서비스가 고객에게 주는 베네핏을 살펴보는 겁니다.

● **세 가지 베네핏**

내 브랜드가 선택받으려면 선택하는 대가로 베네핏을 줘

야죠. 저는 기능적 베네핏 functional benefit, 감성적 베네핏 emotional benefit, 사회적 베네핏 social benefit, 세 가지 유형을 이야기하려 합니다.

기능적 베네핏은 브랜드가 말 그대로 내게 필요한 기능을 제공하는 것을 말합니다. 배고픔을 해소하고, 손을 더 깨끗이 닦을 수 있게 해주고, 추위를 막아주고, 달릴 때 피로감을 줄여주는 등 시간과 비용, 인력을 아껴주거나 귀찮음을 해소해주는 역할을 하지요. 우리가 구매 행동을 하는 가장 1차원적인 이유가 되어줍니다.

감성적 베네핏은 감정과 기분의 영역에서 도움을 줍니다. 브랜드를 이용할 때 웃음이 나거나, 마음이 따뜻해지거나, 허전한 마음을 채워주거나, 믿을 만한 품질로 안심하게 하거나, 날 지켜주는 듯한 기분이 들어 든든한 느낌을 주는 것들입니다. 좋은 디자인이나 사용감, 품질 신뢰도가 압도적으로 높은 브랜드가 이런 베네핏을 주기에 유리해요.

사회적 베네핏에는 '타인의 인정'이 매우 중요한 요소입니다. '저 사람은 환경을 엄청 생각하는 사람이구나' '저 사람은 어려운 이웃을 돕는 데 관심 많은 사람이구나' '저 사람은 부자인가 봐' 등 가치관이나 사회적 위치를 드러내는 베네핏입니다. 주로 럭셔리 브랜드나 사회적 책임 CSR 또는 ESG Environmental Social and Governance를 잘 실천하는 브랜드가 이런 베네핏을 줄 수 있어요.

저는 기능적 베네핏이 채워져야 감성적 베네핏을 충족시킬 수 있고, 감성적 베네핏을 충족해야 사회적 베네핏도 가질 수 있게 된다고 봅니다. 매슬로의 욕구 단계설처럼 이전 단계가 충족되어야 그다음 욕구에 대한 필요성이 생기는 것과 같은 구조인 것이죠.

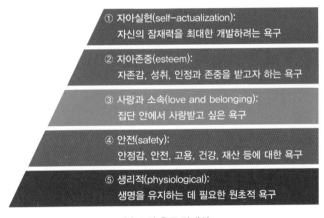

① 자아실현(self-actualization): 자신의 잠재력을 최대한 개발하려는 욕구

② 자아존중(esteem): 자존감, 성취, 인정과 존중을 받고자 하는 욕구

③ 사랑과 소속(love and belonging): 집단 안에서 사랑받고 싶은 욕구

④ 안전(safety): 안정감, 안전, 고용, 건강, 재산 등에 대한 욕구

⑤ 생리적(physiological): 생명을 유지하는 데 필요한 원초적 욕구

매슬로의 욕구 단계설

제 생각과 달리 세 가지 중 하나만 가질 수 있다고 보는 분들도 만난 적이 있어요. 그럴 수도 있겠지만, 더 본질적인 욕구가 충족되지 않는다면 그 브랜드에 신뢰를 가질 수 있을까요?

가령 가격이 비싸지만 디자인이 엄청 예쁘고 손에 잡기

편해서 손잡이를 잡을 때마다 만족감이 높고, 사진 찍으면 잘 나오는 청소기를 생각해봅시다. 청소 시작한 지 10분 정도 만에 흡입력이 확 떨어지고 15분쯤 되니 배터리가 다 닳아서 꺼져요. 모터와 배터리 수명이 짧은 거죠.

믿을 만한 품질을 자랑하는 세계 3대 스포츠 브랜드 중 하나와 가장 빠른 속도로 달리는 차를 만드는 이탈리아 자동차 브랜드가 컬래버레이션을 해서 만든, 비싸지만 아웃솔이 너무 얇고 딱딱한 러닝화를 생각해보세요. 만족감을 느낄까요?

● **One Brand One Message: 하나의 브랜드에는 하나의 메시지만**

내 브랜드의 장점을 우리는 잘 압니다. 그걸 만든 사람이니까요. 얼마나 좋은 재료를 썼는지, 얼마나 공정하고 깨끗한 절차로 만들었는지, 원가 대비 얼마나 싸게 파는지, 이걸 만드는 이들이 얼마나 열정적이고 똑똑한 사람들인지.

하지만 구슬이 이렇게 많아도 중요한 것을 빼먹으면 메시지는 제대로 전달되지 않습니다. 가장 중요한 구슬이 무엇인지 선택하고 그것을 중심으로 체계를 만드는 일이죠. 그래서 키 메시지를 정하고, 그것을 돋보이게 하기 위한 체계를 만들어줘야 해요.

이걸 잘 설명하기 위한 체계를 BIS Brand Identity System 라고 합니다.

저는 대개 이렇게 만들어요.

이 체계가 있다면 효율이 매우 높아지는데, 제가 생각하기에 이 체계로 얻는 가장 중요한 효율성은 시간 자원을 세이브할 수 있다는 겁니다. 뭘 해야 할지, 뭘 하지 말아야 할지 기준이 명확해지거든요.

브랜드의 정의	이 브랜드가 무엇인가? 팩트 중심으로 정의
브랜드 미션	이 브랜드는 사람과 사회에 어떤 기여를 하기 위해 존재하는가?
브랜드 소울(에센스)	이 브랜드가 전하고자 하는 한마디의 메시지가 무엇인가?
브랜드 베네핏(기능적/감성적/사회적)	브랜드가 제공하는 기능적(쓸모), 감성적(쓸 때의 기분, 정서), 사회적(자아 표현, 사람들의 시선, 인식)
소비자 가치 제안value proposition/ **USP**Unique Selling Point	사람들이 이 브랜드를 사야 하는 이유 한두 가지
키 메시지(슬로건)와 키 비주얼	브랜드를 설명하는 하나의 문장, 하나의 이미지
브랜드 페르소나	브랜드를 사람으로 본다면 어떤 사람일까? 나이, 성별, 라이프스타일, 패션 스타일은 어떨까? 어느 동네에 살고 어떤 차를 타고 쉴 때는 무엇을 하며 시간을 보낼까?

BIS가 불명확하면 여러모로 시간과 감정을 낭비하게 됩니다. 할 일의 우선순위, 하지 않아도 될 일, 하지 말아야 할 일을 정하기 위해 회의를 소집하면 '이게 더 중요하지 않냐' '무슨 소리, 이건 안 중요하냐' '이건 안 해도 되지 않냐' '그 일이야말로 급한 일이다' '지금 돈 버는 게 그렇게 중요하냐' '그럼 더 중요한 게 뭐냐' '고객들이 불편을 겪는데 돈이 중요하냐' 등의 의견이 분분해지죠. 또 아이디어의 폭이 너무 넓어서 브랜드 아이덴티티와 관계가 모호한 아이디어까지 나오므로 그것을 줄이는 데도 많은 시간이 들어가고, 선택 기준 또한 불명확해집니다.

유명 브랜드들이 추구하는 바를 대략 요약해봅니다. 그들은 다음을 하기 위해 존재합니다.

- 구글은 '누구나 원하는 정보를 쉽게 얻을 수 있게 하기 위해'
- 나이키는 '사람들의 신체 능력을 개선하게 해서, 승리하게 하기 위해'
- 아디다스는 '도전하고 극복해서 원하는 것(승리)을 얻을 수 있게 하기 위해'
- 포카리스웨트는 '갈증을 빠르고 무해하게 해소하게 하기 위해'
- 볼보는 '자동차로 죽거나 다치는 사람을 없애기 위해'

- 룰루레몬은 '몸의 활동을 통해 마음의 안정까지 얻을 수 있게 하기 위해'
- 스타벅스는 '작지만 내 공간에서 커피 마시며 그 어떤 방해도 받지 않는 시간을 가질 수 있게 하기 위해'
- 유니클로는 '표준 이상의 스타일을 갖춘 옷을 편안하고 쉽게 입을 수 있게 하기 위해'
- 맥도날드는 '합리적으로 빠르게 맛있는 식사를 즐거운 분위기에서 할 수 있게 하기 위해'
- 쏘카는 '사람들이 더 자유롭고 합리적으로 이동하도록 하기 위해'

단어 하나하나가 정확하지 않을 수도 있지만 굵직한 핵심 방향에는 동의하실 겁니다. 이들의 브랜딩, 커뮤니케이션 활동을 보면 도출할 수 있는 메시지의 방향이죠. 고객 입장에서는 '필요'와 '희망'을 모두 담은 메시지입니다.

BIS가 잘 설정되어 앞의 예시처럼 내부에 잘 전파·공유된다면, 우선순위를 정하고 당장 해야 할 일, 하지 않아도 될 일을 정하는 데 많은 협의와 시간이 소요되지 않아요. 생각이 대체로 일치할 가능성이 높으니까요.

캠페인의 목적을 수립하는 것, 톤 앤드 매너를 정하는 것, 광고 모델을 선정하는 것, 광고 카피와 배너나 지면 광고 디자인을 선택하는 것에서도 상당 부분 생각이 일치해서 손가락이 향하는 후보안이 일치하게 될 거예요.

후보안을 선택하기 전에 작업할 때부터 브랜드가 지향하는 방향으로 폭을 좁혀 후보 모델 리스팅을 하고, 카피를 쓰고, 디자인 작업이 되어 있을 가능성이 높죠. 작업하는 분들의 효율도 높아지고, 선택할 때 불필요한 논쟁과 개인적 선호나 취향 반영을 최소화할 수 있습니다.

다른 여러 장점이 있지만 기업 활동을 할 때 이게 가장 큰 장점이에요. 시간이 줄어들 뿐 아니라 미팅하면서 생각이 달라 생기는 감정 소모도 줄어들고, 작업자의 체력 소모, 피로도도 줄어들며, 재작업으로 들어갈 수 있는 비용도 줄어들죠. 그러면 우리의 워킹 라이프가 얼마나 행복해지겠습니까?

앞의 것들은 대체로 회사 내부적인 이점입니다. 이보다 더 훌륭한 장점은 이와 같은 과정을 거쳐 나오는 작업물, 커뮤니케이션을 위한 콘텐츠가 고객에게 더 명확하고 뾰족한 메시지를 전하게 되어 우리 브랜드에 대한 상像이 잘 맺히게 할 수 있다는 점이에요.

● 한 단어를 소유한다는 것

우리가 브랜드를 구상하고 기획할 때 여러 장점을 준비합니다. 비슷한 브랜드들과 경쟁해서 이겨야 하니까, 다양한 소비자의 마음에 들어야 하니까, 같은 값이면 여러 장점이 있는 게 좋으니까. 자연스러운 일이에요.

그런데 소구하는 장점이 여러 가지면 그 브랜드를 아는 사람에게는 호감을 얻기 쉽겠지만, 잘 모르는 사람에게는 바람직하지 않아요. 지금은 브랜드가 너무나 많을 뿐 아니라, 어디에 눈길을 두든 광고가 눈에 걸리는 시대입니다. 그리고 소비자의 머리와 시간은 한정되어 있죠. 너무 많은 장점은 집중을 흩뜨리고 오히려 거추장스럽죠. 장점을 다 이야기하려고 하면, 우리 메시지는 목적지에 도달하지도 못합니다. 예산, 시간, 인력 등 우리의 자원은 한정적이잖아요.

우선은 한 가지 좋은 점을 선택합시다. '딱 한 가지'만이에요. 그리고 거기에 대해 의견을 나눕시다. 선정된 한 가지 특성을 재정의하고, 그것을 사람들과 세상에 제공함으로써 뭐가 좋은지, 뭐가 나아지는지, 사람들이 우리를 어떻게 생각했으면 좋겠는지, 우리가 추구하는 세상이 어떤 세상인지를 바탕으로 메시지를 뽑는 거예요. 그러면 메시지나 이미지 등은 폭이 더 넓어질 수 있겠지만 본질은 선택한 한 가지가 될 겁니다.

우리가 충분히 잘했다면, 그 단어를 가질 수도 있어요! 우리 브랜드가, 우리가 추구하는 그 단어를 갖는 일, 멋지지 않나요?

이렇게 브랜드는 한 단어를 소유해야 합니다. 따라서 우선은 한 가지로 인식시키는 것이 지혜로운 방책입니다. 첫 관계를 맺을 때는 그게 유리합니다. 친구로 만들고 싶은, 팬으로 만들고 싶은 이에게 남길 단 하나의 단어. 그것을 남기기 위한 과정이 브랜딩입니다.

볼보Volvo는 '안전'의 대명사로 확고하게 자리 잡았습니다. 청정한 대자연으로 유명한 북유럽의 환경은 사실 20세기 초반까지 척박했습니다. 특히 스웨덴은 유럽 다른 도시들에 비해 겨울이 길고 지형이 험해 사소한 자동차 고장이나 사고로도 운전자와 탑승자의 생명이 위협받았죠. 그래서 볼보는 사람들의 안전에 집중한 브랜딩을 했습니다.

볼보는 자신들이 최초로 개발한 3점식 안전벨트를 모든 자동차 회사가 그냥 사용할 수 있도록 특허권 등록을 하지 않았고, 긴급 제동 시스템(시티 세이프티), 어린이의 키 높이에 따라 높낮이를 자동으로 조절하는 시트(부스터 쿠션) 등 중요한 안전 관련 옵션을 기본으로 채택했어요. 그 결과 '볼보=안전'이라는 등식이 생겼습니다.

유럽 각 나라의 대표 축구 클럽이 출전해 경쟁하는

'안전'에 대한 볼보의 신뢰성

UEFA(유럽축구연맹) 챔피언스 리그Champions League가 있습니다. 이 또한 브랜드죠. 챔피언스 리그의 한 단어는 뭘까요? 아마 '챔피언champion'일 거예요. 여기에서 사용하는 공에는 수많은 별이 그려져 있습니다. 유럽 각 리그의 스타, 즉 챔피언이 출전하는 리그니까요.

챔피언스 리그의 가장 상징적인 장면은 우승 팀의 시상 세리머니일 겁니다. 우승 팀 선수 하나하나에게 메달을 걸어주고, 이후 시상대 앞에 모두가 모여 주장이 트로피에 키스한 뒤 신호에 맞춰 트로피를 힘껏 들어 올립니다. 팀 동료

챔피언스 리그 공인구(위)와 우승 장면(아래)

전체가 트로피를 들어 올리는 타이밍에 맞춰 손을 위로 들
고 함성을 지르며 유럽의 챔피언이 되었다는 기쁨을 만끽합
니다. 폭죽이 마구 터지고 엄청난 양의 콘페티가 뿌려지며
모두가 챔피언의 탄생을 축하하죠. 이런 똑같은 포맷의 세
리머니를 매년 반복함으로써 축구팬들에게 이 장면을 각인
시켰습니다. 매우 강력한 브랜드예요.

　다른 이야기를 해봅시다. 애플은 애플이라는 이름과 한
입 베어 문 사과를 심벌로 씁니다. '다르게 생각하라 Think

Different'라는 슬로건도 오래 써왔고요.

애플이라는 이름은 매우 팬시하지만, 그 많은 탐스럽고 신선한 사과 중에 하필 '한입 베어 문 사과'를 심벌로 썼을까요?

저는 그 사과가 성경에 나오는 에덴동산의 선악과를 상징한다는 데 한 표 던집니다. 성경에 나오는 그 선악과는 신이 절대로 하지 말라고 당부한 금기를 인류가 최초로 깬 것을 상징합니다. 저는 스티브 잡스가 성스럽게 여겨지는, 해석에 따라 큰 논란이 일 수 있는 정도의 상징물을 자기 회사의 심벌로 사용할 수 있을 만한 인물이라고 생각해요.

애플이 걸어온 길을 보면 그 사과가 맞을 거라는 추정에 힘을 실어주죠. 늘 현상에 질문을 던지고 제품, 디자인, 유통, 심지어 A/S 방식까지 기존 룰을 깨고 다른 방식으로 커뮤니케이션하며, 다른 방식의 가격을 설정하죠. 그것을 좋아하는 이도, 불편해하는 이도 있지만, 어차피 모두에게 사랑받을 수 없다는 것을 아는 이들의 브랜딩입니다.

콜럼버스의 달걀과 같은 말을 하는 그 사과. 네임, 심벌, 슬로건, 창업자의 행보 등 모든 요소가 어우러져 만들어낸 아이덴티티가 '다름 different'이라고 생각해요.

● **차별화: 다른 것이 아름답다**

앞서 브랜드의 본질이 '구분' '구별'이라고 한 만큼, '차별화'는 브랜드가 가져야 할 본질이자 숙명이라고 말했죠. 이미 기획된 브랜드에 주요 경쟁자와 차별화할 수 있는 게 없다고 생각할 수도 있어요. 하지만 분명히 있습니다. 아주 작은 것이라도 찾아내야 해요. 만들 수 있다면 만들어도 좋고요.

우리의 베네핏을 정리하고, 사람들이 어떤 것에 이끌리는지 알아냅니다. 그런 다음 그게 경쟁자의 그것과 어떻게 다른지 정의해봅니다. 사람들이 내 브랜드를 선택해야 하는 이유를 만들어야 하기 때문입니다. '의미' 혹은 '개념'을 차별화 포인트로 삼는 게 사람들의 기억에 자리 잡기 가장 좋고, 트렌드에 따라 기법을 바꿔 실행할 수 있어서 유리하지만, 이미 출시된 경쟁 브랜드와 다 똑같더라도 내 브랜드를 더 많은 유통망에 진입시킬 수 있다면 그것도 차별화 포인트가 될 수 있어요.

다시 탐스 이야기를 꺼내야겠습니다. 탐스의 디자인은 아르헨티나의 전통 신발 '알파르가타alpargata'에서 영감을 받았습니다. 가볍고 간단하며, 어떤 하의에나 어울리고, (비교적) 저렴하게 살 수 있고, 신발이 없는 아이들에게 기부도 할 수 있고, 여행할 때는 아무렇게나 포개어서 캐리어의 아주 작은 공간에도 넣을 수 있습니다. 장점이 많고, 차별화할 수 있는 점도 몇 가지나 되죠.

패션 브랜드이기 때문에 패셔너블한 요소, 예쁘고 매치하기 좋은 점도 중요하지만, '가장 리마커블하게 눈에 띄는 포인트' '콘텐츠로 만들었을 때 임팩트가 강한 포인트'는 역시 '기부'입니다. 탐스는 그 한 가지 포인트만 앞세워 브랜딩하죠. 왜 신발을 기부해야 하는지, 기부받는 이들은 누구며 어디에 있는지, 지금까지 기부를 얼마큼 했는지, 얼마나 투명하게 하는지, 기부를 해서 세상이 얼마나 나아지고 있는지 등 기부에 대한 폭넓은 이야기를 깊이 있게 다루며 브랜딩에 활용합니다.

탐스 이전까지 '기부'를 커뮤니케이션 소재로 삼는 것은 주로 NGO였습니다. 대부분의 NGO 광고 콘텐츠에서 기부 대상의 표정과 톤, 내레이션과 배경음악은 우울하고, 숙연하고, 보는 사람의 동정심을 이끌어내죠.

하지만 탐스의 기부 콘텐츠는 밝은 느낌을 줍니다. 아이들은 뛰어다니고, 모두 웃고 있죠. 동정심 같은 건 생각도 나지 않아요. 오히려 티 없이 순수한 모습을 보이고, 밝고 신나 보입니다. 기분이 좋아지는 장면을 써요. 이런 개념도 '기부'를 즐거움의 영역으로 끌고 들어온, 탐스의 아주 큰 관점의 전환이자 차별화입니다. 아름다울 뿐 아니라 사람들의 마음도 이끌어냈어요. 아주 성공적인 전환이었다고 생각합니다.

필리핀 탐스 기빙 트립(giving trip)에서 발이 부쩍 큰 9살 아이와 함께

● **좋은 의도, 따뜻한 아이덴티티만으로는 충분하지 않다**

제가 탐스에서 일할 때 진행한 어떤 강연에서 한 분이 질문을 주셨어요.

"김치 사업을 준비 중입니다. 탐스의 정신을 본받아 원포원 방식을 따르고 싶어요. 김치 한 포기를 사면 한 포기를 기부하는 모델을 만들려고 하는데 어떻게 보십니까?"

저는 이렇게 답했습니다.

"자, 들어보세요. 탐스 신발은 밖에 신고 다니는 거잖아요. 디자인도 독특하고, 뒤꿈치에 로고가 잘 보이게 박혀 있어요. 다른 사람들이 잘 볼 수 있죠. '아, 저 사람 탐스 신었네, 예쁘다. 스키니 진이랑 잘 어울려. 게다가 저 사람, 신발 없는 아이에게 한 켤레 기부까지 한 거잖아? 멋있는 사람이다.' 이런 의식의 흐름을 그려볼 수 있잖아요? 다른 사람들이 실제 그렇게 생각하건 그렇지 않건, 적어도 신은 사람은 그런 시나리오를 상상하며 사회적 베네핏을 느낄 수 있어요.

하지만 김치는 어떻죠? 김치를 사서 내가 들고 오든, 택배로 가져다주든 집에 오죠. 자기 집 냉장고에 넣어두고 혼자 꺼내 먹어요. 자기 외엔 아무도 모릅니다. 한 포기 기부하려면 팔 때 두 포기 값을 받아야 하니 일반 김치보다 더 비쌀 텐데, 구매자 입장에서는 자기만족 외에 사회적 편익을 얻을 수 없는 상태에서, 한 포기에 두 포기 값을 낼 소비자가 몇 명이나 있을까요?"

질문자의 의도는 좋았습니다. 어려운 이웃도 도울 수 있고, 차별화 포인트로도 쓸 수 있으니까요. 함께 모여서 김치 담그는 모습, 김치 기부하는 모습, 고마워하고 기뻐하는 이웃 모습을 잘 담으면 브랜딩을 위한 콘텐츠도 확보할 수 있었을 거예요.

하지만 구매 고객이 많았을까요? 매출에 도움이 얼마나 되었을까요? 탐스는 좋은 의도에, 그 무엇과도 유사하지 않은 확실히 차별화된 아이덴티티, 트렌디함을 갖추어 인기를 끌었지만 전성기의 명성을 오래 지킬 수 없었던 이유는 내부 구조의 여러 변화와 비즈니스 관리, 확장에 미숙한 모습을 보였던 데서 찾을 수 있어요.

브랜드는 '인식'이고 사람들이 사용하는 것은 '상품'이죠. 가치관이 훌륭하고 인식도 잘 되어 있었지만 결국 탐스는 신발이라는 상품이었어요. 신발 카테고리에서 품질, 디자인 등 트렌드를 이끄는 리더십을 지키지 못한 것이 가장 컸다고 생각해요. 안경(시력 기부), 커피(물 기부), 가방(안전한 출산) 등 제품 카테고리를 확장하는 과정에서 제품과 기부를 연결할 정당성을 찾지 못했고, 공감을 이끌어내기도 어려웠습니다. 이는 신발 기부의 정체성을 약화하는 결과까지 가져왔죠.

사업도, 브랜딩도 좋은 의도만으로는 지속성을 확보하기 어렵습니다. 멋지고, 폼 나고, 착하고, 실용적이고, 내가 의도한 이미지를 지닌 브랜드여도 시장에서 계속 살아남지 않으면 소용없습니다. 브랜드의 지속성에는 '수익'이 꼭 필요합니다. 시장, 소비자와 지속적으로 소통하며 상업적인 진화도 해야만 해요. 브랜드는 생물입니다.

브랜딩적 생각 3: 널리 알리기

"유레카!"를 외치며 내 브랜드의 특성, 베네핏과도 딱 맞고 세상과 사람들에게 도움이 되는 좋은 개념을 핵심 아이덴티티로 만들었다고 칩시다. 매우 만족스럽고 신나는 일이지만, 그걸로 충분하지 않아요. 어찌 보면 아직도 시작 단계에 있는 거예요. 아직 내 브랜드를 알아주는 사람은 아무도 없습니다. 알아야 쓰고 싶고 사고 싶어지겠죠? 그래서 브랜딩에서 중요한 또 한 가지가 바로 '인지도'입니다.

> 광고:
> 넓을 광廣, 고할 고告; 널리 고해 알린다.

광고는 널리 알려 인지도를 높이는 일 가운데 가장 많이 쓰이는 방법입니다.

광고에는 비용이 많이 들죠. 소재 만들어야지, 매체 사서 써야지, 몇 명이 보고 몇 명이 들어오고 몇 명이 구매했는지 트래킹해야지.

당신의 광고비는 충분합니까? 많은가요? 그렇지 않죠. 광고비 많다고 이야기하는 분을 본 적이 없습니다. 광고비는 항상 부족해요. 정확히 말하면 항상 아쉽죠.

비용을 들이지 않고 광고를 한다는 것은 일반적으로는 말이 안 되는 일입니다. 하지만 기본 개념이 잘 서 있으면 아낄 수는 있을 거예요. 효율성을 높일 수도 있을 것이고.

● **친구를 만드는 과정을 생각한다**

학교나 회사에서, 모임이나 커뮤니티에서 어떤 사람과 가까워지고 싶을 때 우리가 어떻게 하는지 생각해봅시다. 내가 남보다 월등히 잘하는 게 있다고 해도 그 사람이 먼저 알아주지 않죠. 내가 말을 하거나 보여주지 않는데 어떻게 압니까? 그의 눈에 띄도록 몸짓을 하거나 소리를 내고, 그 앞에서 호의적인 표정을 짓고, 먼저 인사를 건네고, 내 이름을 말하고, 내가 어떤 사람인지, 당신에게 줄 수 있는 게 뭔지, 나에게 어떤 쓸모가 있는지 등을 슬쩍 흘리거나 소개하는 게 먼저일 겁니다. 이런 과정을 거쳐야 그날 모임에 참석한 여러 사람 중 '나'를 '인지'시킬 수 있겠죠. 내가 아주 빛이 나는 외모의 소유자이거나 달변가, 또는 엄청난 재력가가 아니라면 말이죠.

인지시키는 과정에서 매력을 보여줬다면, 그다음 스텝에서 내가 말을 하기 전에 그 사람이 먼저 내가 준 정보로 인스타그램을 뒤져 내 계정에 찾아와서 싹 훑을 수도 있겠죠. 초기 브랜딩이 잘된 이런 경우에는 내가 찾아가는 비용을 아낄 수 있겠네요.

그래서 브랜드 네임을 지어서 알려주고, BI 디자인을 통해 관심과 호의를 이끌기 위해 노력해야 합니다. 어떤 카테고리의 무슨 브랜드인지, 당신에게 줄 수 있는 게 무엇인지, 구체적으로는 즐거운 자리에서, 배고플 때, 운전할 때, 아플 때, 여행 갈 때, 일할 때, 달리기 할 때 등 어떤 상황과 기분에서 필요한 브랜드인지, 기존 다른 브랜드보다 다르고 나은 점이 무엇인지 알리고 이해가 되도록 광고를 합니다.

이렇게 그냥 브랜드에 대한 설명만 줄줄줄 하는 것보다 상대가 준 정보를 바탕으로 그가 좋아할 만한 음악은 뭔지, 모델은 누구인지, 웃기는 게 좋은지, 드라마타이즈dramatize가 좋은지…. 이런 것까지 고민하면 더 쉽게 매력을 느끼게 될 겁니다. 세 번 찾아갈 것, 한 번만 찾아가면 나를 찾아올 테니까요.

● **브랜드는 생물이다: 움직이고, 자라고, 주변과 인터랙션한다**

브랜드는 결국 비즈니스를 잘하기 위한 수단입니다. 그 비즈니스 카테고리에서 고객의 신뢰를 얻어내는 것을 목적으로 하기에, 신뢰를 구축하기 위한 일관적 메시지가 중요하죠. 그리고 그것을 만드는 것이 '브랜드 아이덴티티 시스템'입니다.

브랜딩을 하는 분 중에 브랜드 아이덴티티 시스템을 멋지게 만들고, 모든 브랜딩 활동이 그 안에서 이루어져야 한다고 생각하는 분이 많아요. 그게 맞긴 한데, 절대적으로 그렇지는 않습니다.

애초에 완벽한 브랜드 시스템이라는 건 존재하지 않아요. 브랜드도, 시장도, 경쟁사도, 유행도, 고객도 모두 언젠가 변하기 때문이죠. TV에서 오래된 영화나 드라마, 예능 프로그램 재방송을 보면 요즘 시대에는 아주 이상하게 보일 수 있는 모습이 자연스럽게 나오곤 하잖아요. 아이 앞에서, 그것도 실내에서 태연하게 담배를 피우는 아빠와 직장 동료의 모습, 후배 직원 얼굴에 서류를 흩뿌려 던지고 부모까지 들먹이며 소리치고 막말하는 상사 앞에서 후배가 죄송하다고 굽신거린 뒤 자책하며 친구와 만나 소주 한잔하는 모습, 동료 출연진의 뒤통수를 아무렇지 않게 몇 번이나 때리고, 심지어 실수를 해서 게임에서 패배한 원인을 제공한 동료에게 강한 드롭킥을 날리는 예능 프로그램도 있어요. 그때는 아무 생각 없이 몰입하거나 깔깔거리며 웃으며 봤는데 요즘 다시 보면 아주 낯설고 어색하죠.

이런 장면들이 그 당시에는 일상적이고 괜찮은 장면이었지만, 요즘 콘텐츠에 그런 장면이 나왔다가는 많은 분의 질책과 비난을 받을지도 몰라요. 지면 광고에 나온 손가락 모양 때문에 불매운동으로까지 확산되는 시대잖아요.

세상이 변했죠. 사람들도 변했고요. 지금은 흡연하는 동료와 더 친해지고 싶으면 실내나 아이 앞이 아니라 회사 옥상에 올라가서 담배를 피우며 대화하는 장면이 자연스럽고, 후배 직원의 실수에 부모까지 들먹이며 소리치고 막말을 하는 상사는 상벌위원회에 가거나 면직되는 것이 자연스럽고, 예능 프로그램에서도 심한 신체 타격 대신 머리를 써서 다른 방법으로 놀려먹는 것이 더 웃기고 공감을 얻을 수 있어요.

브랜드가 주는 메시지도 비슷합니다. 브랜드가 결국은 '사람과 세상을 향한 나의 메시지'이므로, 세상과 사람이 변하면 그 변화에 따라 모양과 형식을 바꾸어 전할 필요가 있겠죠. '내용'에 대해 이야기하려는 것이 아닙니다. 중요한 것은 형식이에요. 브랜드가 하고 싶은 말을, 유행하는 옷을 입고 사람들이 보고 싶어 하는 표정으로, 듣고 싶어 하는 목소리로 전할 필요가 있겠죠.

● 내가 만든 브랜드라고 내 것이 아니다

브랜딩은 기분과 감정의 문제를 다루는 거라고 말씀드렸습니다. 어떤 대상으로부터 어떤 기분을 느끼고, 감정을 주고받는다면 관계가 시작되는 거잖아요? 브랜드를 만드는 건 나지만, 만든 브랜드를 시장에 선보이는 순간 그 브랜드는 나만의 것이 아니게 됩니다.

시장에 나가 이 브랜드가 어떤 브랜드라는 것을 알리고 메시지를 던지잖아요? 누군가에게 메시지를 던진다는 것 자체가 말을 거는 것이기 때문에 관계가 형성되죠.

브랜드 메시지를 전달받은 대중의 머릿속에 상이 맺히면, 사람들은 그 브랜드에 대해 이렇다 저렇다 말을 하게 될 것이고, 좋아하거나 혹은 싫어하거나, 자신의 경험을 통해 평가도 하고, 지인들에게 추천하며 리뷰도 할 겁니다.

야구팀을 브랜드의 한 가지 예로 들어볼게요. 팀이 추구하는 가치, 소속된 선수, 승패와 실력, 선수를 육성하는 방식, 프랜차이즈 선수를 대하는 방식, 플레이 스타일, 경기할 때 중요하게 여기는 것들, 유니폼, 팬들과 소통하는 태도, 응원하는 방식, 심지어 응원 도구의 종류, 여기에 '연고지'라는 독특한 특성이 더해져 팀의 아이덴티티가 만들어집니다.

야구팀은 팬을 가지죠. 팬들의 평가를 절대로 무시할 수 없으며, 팬 커뮤니티와 클립 영상에 달린 댓글 등 팬들의 칭찬과 질타를 적극적으로 수용하는 등 의견을 주고받으며 팀 운영에 반영하기도 합니다.

브랜드도 마찬가지입니다. 태어나서 시장에 나가는 순간, 이미 우리만의 것이 아닙니다. 위키백과를 누구나 편집할 수 있는 것처럼, 브랜드에는 여러 사람이 개입하게 돼요. 누구는 돈을 내고 그 브랜드를 사고, 누구는 그 브랜드의 어떤 면을 좋아하고, 어떤 면을 싫어하고, 어떤 면 때문에 추천하고, 다른 이들에게 이 브랜드의 장점이 뭐라고 말하고, 이 브랜드는 저 브랜드보다 좋다, 덜 좋다고 말하잖아요. 그러면 그 브랜드가 평가받고, 그 평가가 추천이건 구매 건 인지·선호 형성에 영향을 주므로 시장에서의 평을 신경 써서 체크하며 필요하다고 생각되는 요구는 반영하게 될 것이고, 그러자면 아이덴티티 등에 영향을 받을 수도 있게 되죠.

그러자면 내가 만든 그 브랜드의 아이덴티티와 아키텍처, 심지어는 비전의 변화까지 고민해야 하는 지경에 이릅니다. 이 유혹은 엄청나게 크고 급하기까지 해요. 그래서 브랜드로 전하고자 하는 메시지의 본질까지 흔드는 경우가 있는데, 메시지만은 유지하는 것이 바람직합니다. 브랜드가 개념의 집합체라고 할 때, 지금까지 집합을 이루어오던 개념이 변하는 것만은 빼고 변화를 논해야 해요.

다시 한번 강조하지만, 브랜드는 사람(고객), 경쟁사, 시장 등을 고려해야 하지만 무엇보다 '나(회사)' 자신의 아이덴티티를 우선적으로 고려해야 합니다. 그 포인트 때문에 내 브랜드가 사랑받을 수 있었기 때문이죠. 그래서 브랜딩이 어렵다는 겁니다.

나의 생각은 유지한 채 외모와 옷차림을 바꾸고, 말투를 바꾸고, 비전의 크기를 변화시키는 것, 비전으로 가기 위한 몇 가지 절차 혹은 요소 중 강조할 것을 바꾸는 것 등. 이런 방법을 조심조심 찾아내는 것이 필요합니다.

● 심플도 아니고 폼 나는 것도 아닌 '이해'

심플한 건 좋은 겁니다. 브랜드를 만든 이들은 브랜드의 요소를 줄이려고 해요. 그래야 관리하기 쉽고, 너무 많은 요소는 고객에게 이해시키기도 어렵습니다. 그래서 브랜드의 카피를 심플하고 짧게 작성하고, BI나 배너의 디자인을 심플하게 하려고 합니다. 그러면 브랜드의 핵심만 잘 전달될 가능성이 높습니다. 하지만 '심플'이라는 함정에 빠지기도 해요.

심플이라는 개념을 너무나 숭상한 나머지 내용 설명이 충분하지 않거나, 핵심은 아니더라도 반드시 설명이 필요한 내용을 빼놓는다거나 하는 일이 생깁니다. 디자인을 할 경우, 본래 의도와 다른 방향으로 전달될 가능성이 있는데도 '심플해야만 해!'라는 폼 나고 그럴듯한 명제에 갇혀 정작 중요한 것을 놓치는 실수를 많이 하죠.

가장 중요한 것은 예쁜 것도 아니고, 심플한 것도 아니고, 쉬운 것도 아니에요. 예쁜 것, 심플한 것, 쉬운 것은 모두 수단이잖아요. 결국은 '이해'를 위한 수단입니다. 우리가 만든 상품을 브랜딩하는 것, 알리고, 재구매하게 만들고, 팬을 만드는 것의 시작은 바로 '이해'예요.

이 브랜드는 내가 더 빨리 뛸 수 있게 도와주겠는데?

이 브랜드는 유러피언 라이프스타일을 제안하네?

이 브랜드는 40대 남자를 위한 브랜드구나.

디자인이 멋진 이 IT 브랜드는 상당히 합리적이구나.

이 브랜드는 에너지가 샘솟나 봐? 운동할 때 마시면 좋겠다.

이 브랜드는 생활용품 관련 브랜드인가 보다.

이 패션 브랜드는 환경친화를 지향하네?

이런 것들이 '이해'입니다.

커뮤니케이션을 위해 상품명을 짓고, 글을 쓰고, 서체를 고르고, 이미지를 찍어 디자인하고, 영상을 만드는 것도 그 과정 중 심플함과 재미, 기괴한 것과 의외의 방법을 쓰지만, 이것들은 수단일 뿐이에요. 목적은 '이해'가 되어야 합니다.

브랜딩적 생각 4: 자꾸만 생각나게 하기

친구에게 호감을 사고 싶을 때, 그가 나를 자주 생각하게 하고 싶을 때 우리는 친구의 옷차림이나 액세서리에 센스 있는 칭찬을 건네고, 필요할 만한 것을 제공하며 도움을 주거나 그가 불편하지 않도록 배려하고, SNS 피드에 '좋아요'를 누르거나 공감한다는 것을 알리고, 만나면 자기의 좋은 면을 보여주려 애쓰고, 조금 더 가까워지면 경조사를 챙기죠. 그렇게 호감을 적극적으로 표하고 함께 슬퍼하거나 다른 누군가를 함께 욕하기도 하며 '끈끈해지기 위한 노력'을 합니다. 일뿐 아니라 사적인 영역으로 들어가 식사나 술을 함께하며 개인적인 생활이나 감정을 공유하면서 중간중간 매력을 보여주기도 하죠. 나의 호감을 표현하는 것뿐 아니라 그의 호감도 얻어냅니다. 이런 노력이 브랜딩에도 필요합니다.

● 선호도를 높이기 위한 활동의 1차 목적은 '신뢰'

좋은 브랜드 가치관을 가지고 각이 딱 떨어지는 브랜드의 체계를 구축했다고 해서 다 된 게 아니에요. 요즘은 '정보의 민주화'로 브랜드에 관련된 대부분의 정보에 접근할 수 있죠. 간단한 검색으로도 원하는 것을 알아낼 수 있잖아요.

그럴듯한 슬로건과 멋들어진 광고를 만들어 내 브랜드 소개를 말과 글로 전하는 '스토리텔링 storytelling'만으로는 더 이상 신뢰를 얻기 어려운 세상입니다. 창업자나 마케터에게는 더 큰 도전이 필요합니다. '새 옷처럼 하얘지는 세제'라면 실제 세탁을 해서 세탁력을 보여줘야 하고, '환경을 위해 기부를 한다'면 실제 기부금 영수증을 보여주거나, 그 기부금을 써서 몇 그루의 나무를 심었다거나, 매연이 얼마나 줄어들었다거나, 플라스틱 재활용이 몇 퍼센트 늘었다거나 하는 수치를 증거로 보여줘야 믿습니다. 그래서 스토리를 직접 실행하는 '스토리두잉 storydoing'을 해야 비로소 내 브랜드의 가치 체계와 미션, 메시지를 전할 수 있습니다.

사람들이 추구하고 응원하는 가치가 브랜드 수만큼 많지 않다 보니 겹치기도 하는데, 단순히 콘셉추얼한 스토리텔링만 하는지, 실제 스토리두잉의 모습을 보여주는지로도 차별화할 수 있습니다. 이러한 과정에서 나오는 결과물이 '신뢰'입니다. 브랜드 메시지의 증거를 실제 행동으로 보여줘야 신뢰로 이어지는 거죠. '비브람 Vibram'이라는 아웃솔 브랜드의 '아크틱 그립 arctic grip' 라인 제품의 키 메시지는 '얼음 위에서도 그립을 안정적으로 잡아준다'는 것이었는데, 매장 바닥 일부에 얼음을 깔아놓고 방문자들이 직접 신발을 체험할 수 있게 만들었어요. 브랜드 메시지를 직접 느낄 수 있게 해주며 소비자의 신뢰를 얻은 것이죠. 오랜 역사를 지닌 유명 브랜드가 아님에도 시장에서 일부 성과를 얻고 자리를 잡기 시작한 브랜드들은 이런 방법으로 효과를 냅니다.

● **선호도를 높이기 위한 활동의 2차 목적은 '매력'**

매력이라는 것이 어디에서 생겨난다고 생각하세요? 기본적으로 '내가 좋아하는 부분'이 있어야겠지만, 거기에 다른 데서 찾기 어려운 '독특함'이 결합되어야 매력이 생긴다고 저는 믿어요. 매력도 차별성을 따져야 완성된다는 생각이죠. 내가 좋아하긴 하지만 아무에게나 느낄 수 있거나, 얻을 수 있는 흔한 것이라면 거기에 과연 매력이 있을까요?

어떤 이유로든 그 사람과 가까워지면 그 사람이 하는 말과 행동에서 삶에 대한 태도가 어떤지, 어떤 생각을 하는지, 자신을 잘 드러내기 위해 스스로를 어떻게 관리하고 가꾸는지, 어떤 것이 옳고 어떤 것이 그르다고 믿는지, 어떤 능력으로 어떤 어려움을 이겨냈는지, 나와 어떤 감정을 주고받는지, 세상에 어떻게 알려져 있는지 등을 자연스럽게 알 수 있습니다. 거기서 그 사람만의 포인트도 보고 매력도 느끼게 될 겁니다.

브랜드가 자신의 미션과 아이덴티티를 갖고 설령 그게 다른 브랜드들과 겹치는 일이 있더라도, 그 메시지를 전하고

행하는 방식에서 매력도를 높일 수 있어요.

● **브랜드의 저널리즘**

브랜드의 가치관과 추구하는 바를 꾸준히, 강하게 알리는 브랜드들이 있습니다. 개인적으로 무척 좋아하는 부류의 브랜드들인데, 그중 하나는 점점 더 많은 분들이 사랑하는 파타고니아예요.

파타고니아의 창업자 이본 시나드는 '내 사업이 내가 사랑하는 산과 자연환경을 오히려 파괴하는 것 아닌가?'라는 생각을 했습니다. 그래서 환경 파괴를 최소화하면서 사업을 하겠다고 다짐하고는, 모든 상품에 유기농과 친환경 원단을 사용하고 회사 손익이 적자를 기록할 때도 매출액의 1%를 환경을 위해 기부하겠다는 약속을 지켜냈어요. 한두 번이 아니고 지속적으로요.

'이 옷을 사지 마라'라는 광고를 하기도 하고, 온라인에서 옷을 사려고 포털에 검색하면 신제품보다 중고 제품을 상단에 보여주도록 하는가 하면, 매장에서 옷을 고쳐 입을 수 있는 키트worn wear를 나눠주죠. 미국에서 환경을 보호하는 쪽과 반대 입장을 지닌 대통령이 우세할 때는 그와 대결 구도까지 형성하면서 자신들의 메시지를 당당하게 전하기도 했어요. 우리 관점에서는 사실 굉장히 위험한 일이죠.

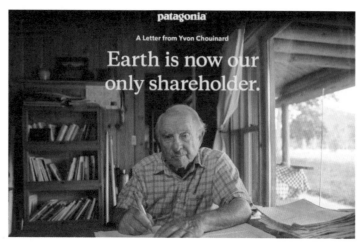

파타고니아 창립자 이본 시나드

얼마 전에는 그동안 번 큰돈을 창업자 가족에게 한 푼도 남기지 않고 자연환경을 지키는 데 쓸 수 있도록 기부하면서 "이제 우리의 유일한 주주는 지구다"라는 아주 근사한 말을 남겼습니다.

전무후무한 파격적인 행보. 자신이 추구하는 신념을 이토록 지속적으로, 어떤 상황이 와도 밀리지 않고 꿋꿋이 지켜내며 전하는 브랜드. 저는 이것을 '브랜드 저널리즘'이라고 이야기합니다.

환경보호를 내세우는 브랜드가 어디 한두 개인가요? 차별화하기 어려울 수도 있는 주제지만, 이 정도의 지속성과 파워라면 창의성이 어떻건, 재미가 어떻건, 아이디어가 어

'투표로 바보들을 몰아내자'는 메시지를 위트 있게 던지는 파타고니아

떻건 간에 강력할 수밖에 없죠. 파타고니아야말로 환경보호에 대한 자신만의 브랜드 저널리즘으로 '원 브랜드 원 메시지One Brand One Message'의 표상이 되었습니다.

다른 예를 보죠. 영국의 코즈메틱 브랜드 러쉬LUSH는 동물실험에 반대합니다. 메시지를 아주 적극적이고 공격적인 방법으로 전개하면서 많은 대중을 참여시키며 일종의 무브먼트로 확산시키기까지 하죠.

'동물실험과 싸우자'는 가치관을 먼저 세우고, 이 가치관을 전파하기 위해 사업을 시작한 것인지, 사업을 잘 성장시키기 위해 이런 가치관을 전파하는 게 좋겠다는 결정을 한 것인지는 제가 알기 어렵습니다만, 러쉬는 진정성을 가지고 아주 적극적으로 무브먼트를 전개합니다. 다소 과격하지만, 거리에서 사람을 대상으로 실험을 하는 퍼포먼스를 펼쳤는데, 이게 아주 자극적이어서 현장뿐 아니라 온라인을 통해 많은 사람에게 전달됩니다.

이후 유럽을 기점으로 동물실험을 폐지하는 국가가 늘어났는데, 러쉬의 이런 활동이 많은 사람들에게 공감을 얻은 게 계기가 되었을 겁니다.

인구가 가장 많은, 가장 큰 시장임에도 동물실험을 거치지 않으면 수입하지 않는 정책을 시행하는 중국에도 브랜드의 신념 때문에 오랫동안 진출하지 않다가, 2021년 5월 동물실험 없이도 수입하도록 당국의 정책이 바뀐 이후에나 진출했어요.

러쉬가 이윤을 내기 위한 사업임에도 자신들의 철학을 지키기 위해 대규모 사업을 포기했을 때 중국인들이 해외에서 사재기를 하며 인기가 폭발하는 아이러니가 있었고, 이런 진정성이 중국 내에서도 로열티가 강한 팬을 만든 거겠죠. 파타고니아와 러쉬는 스토리텔링에서 그치지 않고 자신들의 신념과 메시지를 스토리두잉하며 신뢰를 얻었습니다. 그것을 브랜드 저널리즘으로 적극적으로 전파하며 매력까지 얻고 있는 대표적인 브랜들이죠.

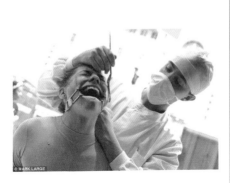

러쉬의 캠페인

브랜딩적 생각 5: 오랜 친구 되기

이제 막 고객과 친구가 되었습니다. 그런데 그 친구와 정말 오래오래 만나고 싶어요. 지금보다 더 끈끈한 의리와 사랑을 주고받는 친구 또는 팬이 되려면 어떻게 해야 할까요?

● 결국은 팬덤

기업의 주식을 보유한 이들이 주주의 지위를 갖는 것처럼 브랜드에 팬심을 갖고 있는 이들 또한 팬의 지위를 확보합니다. 팬들은 구매 의사가 매우 높고, 주변에 적극적으로 브랜드를 추천하는 사람들이에요. 이들의 LTV Life Time Value

는 브랜드의 지속성에 큰 영향을 줍니다. 주주는 기업의 경영 성과에 따라 이익을 얻고자 하지만, 브랜드 팬은 그 브랜드에 자신의 감정을 투여한 상태이므로 더 큰 영향력을 발휘할 수 있습니다. 브랜드의 아이덴티티와 포지션은 기업이 정하고 싶어 하지만 결국 사람들의 인식에 자리 잡아야 하는 것이므로 사람들 눈치를 보고, 생각을 참고하고, 의견을 반영하며 사람들의 생활에 함께해야 브랜드가 지속성을 확보할 수 있어요. 결국 팬덤을 구축하고 성장시키며, 계속 관리하고 신경 쓸 수밖에 없는 거죠.

'식빵언니' 브랜딩을 준비할 때, 김연경 선수의 팬으로 구성된 카카오톡 오픈 채팅방이 다른 스타의 것보다 더 많다는 사실을 알게 되었어요. 각각의 단톡방에는 무형의 커뮤니티가 형성되어 김연경 선수에 대한 글과 소식이 오가고 있었고, 모든 오픈 채팅방이 매우 활성화되어 있었어요.

편의점용 식빵으로 식빵언니 브랜드를 출시했을 때, 인기가 매우 높긴 했지만 가격이 비싸다는 의견도 일부 있었습니다. 식빵은 식사용 빵이기 때문에 가격 민감도가 높은 품목이어서, 너무 높은 가격을 책정하면 자칫 부정적 여론까지 형성될 수 있거든요. 실제 몇몇 커뮤니티와 기사 댓글에서 가격이 높다는 의견이 보이기 시작해 상당히 긴장했던 기억이 있습니다.

하지만 여러 게시글과 댓글에 '비싼 게 아니다. 빵이 엄청 부드럽고 두툼하다. 용량이 같은 빵을 그 정도에 파는 사례가 많다'는 등 우호적인 여론이 적지 않게 생겨났습니다. 그 덕분인지 가격에 대한 논란이 크게 일어나지 않았어요.

당시 파악하기로는 자신의 우상에게 피해가 갈 것을 우려한 김연경 선수의 팬들이 그런 우호적인 활동을 해주었다는 정황이 있었습니다. 실제로 여론을 좌지우지할 수 있는 '팬덤'의 파워와 중요성을 다시 한번 실감할 수 있는 경험이었죠.

● 브랜드를 문신으로 새기는 사람들

인기 있는 문신 템플릿 순위를 보면, 1위는 mom(엄마)이라고 하고, 2위는 오토바이 브랜드 '할리 데이비슨'의 로고와 문구라고 합니다. 'love'나 'peace'보다 할리 데이비슨이 높다니 의심이 들긴 하지만, 그래도 그렇다는 말을 오래전부터 꽤 여러 번 들었습니다.

구글에서 'Harley Davidson tattoo'를 키워드로 검색해보면 어떤 연관 검색어가 나올까요? 또 이미지 검색을 했을 때는 어떨까요?

인기가 많은 것은 확실합니다. 자신의 신념도 아니고, 종교나 정치색도 아니고, 가장 좋아하는 단어나 상징도 아니

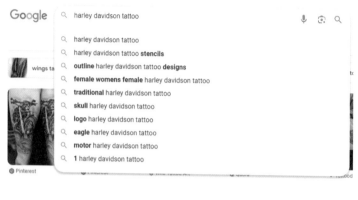

구글에서 Harley Davidson tattoo를 검색하면

고 상업성을 띠는 브랜드를 몸에 문신으로 새길 정도라면, 그 브랜드를 얼마나 사랑하는 걸까요?

할리 데이비슨은 가장 뜨거운 로열티를 지닌 브랜드 커뮤니티로 알려진 할리 오너스 그룹Harley Owners Group, HOG을 보유하고 있습니다. 브랜드 행사를 열면 이들이 모여 할리를 타고 주행하면서 상당한 동질감과 자부심을 느낀다고 해요.

한편 우리나라에서는 프로야구의 인기가 정말 높습니다.

국가 대표의 경기가 아닌 프로 간의 경기만 놓고 보면 축구보다 야구의 인기가 더 높죠. 문신까지는 아니지만 야구 팬들은 응원하는 팀의 유니폼과 모자를 사 입고, 차와 노트북에 붙일 스티커를 삽니다. 중요한 경기의 입장권은 몇 배나 되는 웃돈을 주고 사기도 하죠. 좋아하는 팀이 만들어내는 콘텐츠(경기)를 매일 들여다보고, 콘텐츠를 보지 못하면 결과라도 찾아봐요. 응원뿐 아니라 온라인 커뮤니티에서 기쁨과 슬픔을 공유하기도 하죠. 날씨가 좋은 황금 같은 휴일에 좁고 불편한 야구장 좌석에 4시간씩 앉아 있기도 합니다.

저와 비슷한 일을 하는 잘생긴 형이 한 분 있어요. 그 형은 프라이탁과 볼보를 매우 좋아합니다. 제가 보기엔 좋아하는 데서 그치지 않고 그 두 브랜드를 사랑하는 것 같습니다.

저도 프라이탁을 좋아해요. 하지만 프라이탁 말고도 로우로우 가방도 몇 개나 있고, 포터나 브룩스 가방도 씁니다. 제게 가장 좋아하는 차가 뭐냐 물으면 볼보의 XC70이라고 답하지만 폭스바겐과 테슬라 차를 타고 있어요.

그 지인은 가지고 있는 모든 가방이 프라이탁 제품입니다. 술 한잔하고 귀가하는 일이 있으면, 가끔은 굳이 지하 주차장에 내려가서 세워져 있는 자신의 볼보를 손으로 가만히 쓰다듬고 집에 올라가기도 한다더군요. 제가 그 형에게 테슬라를 사기로 했다고 말했을 때도 저를 설득하기 위해 볼보의 위대함에 대해 얼마나 설파했는지 몰라요.

자신이 쓴 책에서도 그 두 브랜드를 몇 번이나 사례로 등장시키며 독자들에게도 적극적으로 권하죠. 그 책을 많은 분이 읽었으니 그 브랜드의 활동이 직간접적으로 잘 전해졌을 겁니다. 브랜드의 정체성, 미션 의식, 제품을 만들고 메시지를 전하는 방식, 메시지뿐 아니라 직접 행동으로 보여주는 모습에 깊이 빠져 관계를 강하게 맺고 팬을 넘어 친구가 된 지경이죠.

아, 저는 나이키를 좋아해요. 스포츠 카테고리에서는 나이키만 입고, 신고, 씁니다. 다른 브랜드의 운동화나 운동복(심지어 다른 경쟁 구도를 가지는 골프 용품까지)을 산다는 생각을 하는 것만으로 법을 어기는 듯한 기분이 들어요. 큰 계기가 있기 전까지는 웬만하면 다른 브랜드를 사지 않겠죠.

주위에 어떤 브랜드에 대한 충성도가 높은 분들이 있다면, 다들 이것과 별반 다르지 않을 겁니다. 브랜드를 사랑하는 것, 충성도가 높다는 것은 이런 겁니다. 이런 고객이 많다면 얼마나 자랑스럽겠어요? 얼마나 일이 쉬울까요? 얼마나 보람 있겠습니까?

브랜딩적 생각으로 해왔던 일

이제 다시, 제가 그간 해온 일 가운데 흥미를 가질 만한 일을 조금 더 자세히 풀어보려 합니다. 1장에서 간략히 소개했던 것들이고, 2장에서 이야기했던 브랜딩적 생각을 실제로 구현한 방식을 다루려고 해요. 생각과 현실, 두 가지가 이어지는 지점을 잘 살펴봐주세요. 분명 예상보다 재미있을 겁니다.

아이덴티티에서 이슈로

'싸이월드'라는 소셜 미디어 플랫폼은 이제 제법 오래된 이야기지만, 한창 인기 있을 때는 사용자 수가 거의 3,000만

명에 육박했던 서비스입니다. 친구와 지인을 잇는 네트워킹 서비스였던 싸이월드는 '사이좋은 사람들, 싸이월드'라는 슬로건으로 가깝고 친밀한 '사이'를 메시지로 내세웠죠. 대기업 계열로 합쳐진 후에도 권위를 내려놓고 가볍고 말랑말랑한 톤으로 메시지를 전하며 서비스를 제공했습니다. 네트워킹을 하는 사람과의 관계를 '일촌'이라고 표현한 것, '미니미'라는 캐릭터를 만들어 스스로 귀엽고 앙증맞고 웃음을 자아내는 아이템으로 꾸미게 했던 것도 그런 예가 되겠죠.

일촌을 신청할 때 상대와의 관계를 사용자가 직접 정의해서 표기할 수 있도록 했는데, 그런 정감 넘치는 표기를 보며 더 좋은 사이, 가까운 사이가 되도록 이끄는 효과도 있었겠죠.

친구의 미니홈피 구경 다니는 일을 '파도타기', 플랫폼 내에서 통용되는 화폐를 '도토리'라고 했어요. 공지나 안내문을 쓸 때도 '합쇼체'가 아닌 '해요체'로 써서 가깝게 느껴지도록 했죠. 당시는 그런 일이 매우 이례적이고, 어떤 면에서는 금기시되기도 하던 때였는데도 내부적으로 설정한 브랜드 아이덴티티를 확고히 지키려고 했습니다. 제가 이 글을 쓸 때 '해요체'를 쓰는 게 좋겠다고 결정한 것에도 그때 좋은 경험이 영향을 줬을 겁니다.

어느 날 회사에 작은 택배 상자가 하나 도착했어요. 열어

보니 진짜 도토리가 들어 있었죠! 이 진짜 도토리들을 싸이월드 플랫폼의 가상 화폐인 도토리로 교환해달라는 쪽지와 함께 말입니다.

담당자 몇 명이 모여서 의견을 모았습니다. "좀 당황스럽긴 한데, 너무 재미있지 않아? 바꿔주자. 도토리 하나하나 모아서 보내주신 정성을 생각해서라도." 그 고객께는 요청한 도토리 충전과 함께 다음과 같은 편지를 보내드렸습니다.

안녕하세요, 김○○ 회원님. 싸이월드로 보내주신 도토리들이 사내 우편물 검열 절차 등 숱한 난관을 헤치고 무사히 도착했습니다. 대부분의 도토리가 큰 부상 없이 도착했고 도착 당시만 해도 풋풋한 푸른 기가 돌던 녀석들도 어느덧 갈색 카리스마를 풍기며 똘똘하고 성숙한 모습으로 변해가고 있습니다. (중략) 회원님께서 보내주신 도토리 158개를 싸이월드 도토리 전문 감별사가 감정했는데, 꼭지 모자가 벗어지거나 심하게 손상돼 더 이상 도토리로서의 정상적인 삶을 영위하기 힘든 도토리들은 지급 대상에서 탈락했습니다. 총 150개 싸이월드 도토리를 회원님의 계정으로 충전해드리겠습니다. 마지막으로 당부드리고 싶은 것은 바쁘게 월동 준비를 시작하고 있을 주변의 다람쥐 같은 꼬마 친구들이 아늑한 겨울을 보낼 수 있도록 무분별

유명했던 '도토리 사건'

한 도토리 채집은 삼가주셨으면 하는 바람입니다.

　-사이좋은 사람들 싸이월드

이 에피소드 덕에 싸이월드뿐 아니라 네이버와 다음, 네이트 등 주요 포털과 대형 커뮤니티 게시판에서 수많은 글로 회자되면서 대한민국 네티즌이 즐겼던 일, 기억하시려나요?

돌이켜 보면 이 에피소드는 이용자를 진짜 가까운 일촌 사이로 여기는 싸이월드의 브랜드 아이덴티티를 고객에게 아주 명확히 전할 수 있는 계기가 되었습니다. 이 덕분에 서비스의 인지도와 선호도, 로열티를 상당히 높일 수 있었죠.

2000년대 중반에는 회사 내부의 일에서 비롯된 브랜드 스토리가 바이럴 마케팅을 탈 일이 많지 않을 때였습니다. 그럼에도 '이런 재미있는 이야기를 그냥 넘기지 말자' '우린 다르게 하자' '다른 데가 안 했으니 더 좋지'라는 생각까지 이어질 수 있었습니다. 물론 지금 이런 똑같은 상황이 생긴다면, 고민할 일이 좀 많아지겠죠.

제가 여기서 드리고 싶은 말씀은 이런 거예요.

우선, 우리 브랜드가 고객을 바라보는 태도를 진심으로 보여줄 수 있는 기회가 온다면, 논란이 예상되더라도 그걸 무릅쓰고 진행하는 용기가 필요하다는 겁니다. '우리는 기업이니까 이래야 해'가 아니라, '나는 브랜드 담당자로서 고객을 이렇게 봐'라는 관점으로요.

우리에게는 브랜딩이나 커뮤니케이션을 위한 예산이 충분하지 않아요. 이런 기회를 오히려 감사하게 받아들이는 관점도 필요합니다. 발생하는 논란도 중심을 가지고 일관성 있게, 예의 있게 대처한다면 극복할 수 있어요. 그런 과정에서 오히려 인지도/선호도가 높아지기도 하고요. '높아질 수도 있다'가 아니라, 대부분은 높아집니다.

그다음으로, 이런 관점을 가지고 실행하면, '지금까지 본 적이 별로 없는 행보'가 나옵니다. 빅 이슈가 되는 요소 가운데 하나인 '독특성 distinctive'이죠. 사람들이 그런 것에 열광하잖아요.

인간은 사고와 행동 사이 일관성을 유지하려 한다는 '인지 일관성'이라는 개념이 있는데, 그걸 깰 때 의외성에서 오는 신선함으로 독특성을 만듭니다.

한참 나중 일이지만, 포켓몬빵이 큰 인기를 끈 2022년에도 비슷한 사례가 있었어요. 포켓몬빵을 구하기 워낙 어려워서 초등학생 자녀가 포켓몬빵을 직접 그려서 빵 봉지를 만들었다며, 회사 대표이사께 편지를 써서 보내온 일이 있었어요. 저는 과거 싸이월드 사례를 떠올리며 포켓몬빵을 보내주고 바이럴 콘텐츠를 만들자는 의견을 냈는데, 이내 포기하고 말았어요. 상황이 좀 달랐던 거죠.

도토리는 언제든 구매할 수 있지만, 당시 포켓몬빵은 돈이 있어도 구할 수 없어 몇 시간씩 줄을 서서 구매하는 아이템이었기 때문이에요. 싸이월드 도토리 시절에서 거의 20년이 지났고, 요즘은 그때와 달리 '공정성' 이슈에 대해 훨씬 더 민감하게 반응할 때니까요. 아이의 바람과 정성이 무척 감동적이지만, 그 이유로 포켓몬빵을 섣불리 보내줬다가는 역풍을 맞을 수 있다는 의견에 무게가 실렸거든요. 아쉽지만 감사 표시로 포켓몬빵이 아닌 저희 회사의 다른 제품을 보내드려 부족하지만 감사의 마음을 전했습니다.

한 초등학생이 만들어 편지와 함께 보냈던 포켓몬빵 포장지

이때 만일 포켓몬빵을 보냈다면 어떤 일이 있어났을까요?

리스크가 있는 일이긴 했지만, 솔직히 지금까지도 너무너무 궁금해요.

제가 최종 의사 결정권을 갖고 있었다면, 보냈을까요? 결국 같은 선택을 했을까요?

보냈다면 '공정성'에 대한 파장은 당연히 있었을 텐데, 그걸 극복할 수 있었을까요?

저는 이 사회가 그 정도 포용력은 갖췄다고 믿는 편입니다만.

BI를 변경하면 어떻게든 욕을 먹는다

싸이월드 브랜드 매니저로 일할 때 한 가지 에피소드가 더 있습니다. 싸이월드의 미래 비전을 더 잘 담을 수 있는 방향으로 BI를 변경하자는 이슈가 있었어요. 그래서 새로운 BI를 만들었고 '이걸 어떻게 적용하고 알릴 것인가?'를 고민할 때였어요.

당시 저는 이미 여러 브랜드 네이밍과 BI 개발을 담당했었고, 손수 교체해서 적용한 경험도 있었습니다. 그때 경험으로 BI나 CI를 섣불리 바꾸면 어떤 형태로든 사람들 입에 오르내리고, 긍정적인 면보다는 부정적인 면이 훨씬 많다는 것을 알게 되었습니다.

삼성, LG, SK 등 대기업이나 서울시 같은 지자체의 경우는 더 심합니다. 삼성이 빨간 별 3개를 파란색 타원으로 바꿀 때도, LG가 '미래의 얼굴'이라며 빨간색 얼굴을 심벌로 만들어 발표했을 때도, SK가 레드와 오렌지 컬러로 '행복날개'라며 나비 모양의 심벌을 발표했을 때도, 기아가 KIA를 연결해서 다소 추상적으로 개발한 로고를 발표했을 때도 말이죠.

특히 서울시가 슬로건을 'Hi Soul'에서 'I Seoul U'로 바꿀 때는 더 큰 온갖 종류의 비난이 몰아쳤던 적이 있었죠. 많은 예산을 들여 적용해야 한다는 것도 있긴 했지만, 주로 '문법에 맞지 않는다'거나 '의미를 모르겠다'는 비난이 많았습니다. 최근에 바꾼 'Seoul, My Soul'에도 비슷한 이슈가 생겼던 것 같죠?

이런 것은 인지도가 가장 높은 브랜드들이고, 일상에 깊이 들어와 있는 기업이자 브랜드라서 그렇습니다. 많은 사람이 그 브랜드에 대해 의견을 갖고 있고, 평가하기도 쉽습니다. 기본적으로 사람들은 익숙함을 선호하고 변화를 반기지 않아요. 하지만 조금 더 솔직한 제 생각을 말씀드리면 이렇습니다. 바뀐 것을 알리는 초기에는 사람들의 관심이 몰리고 모두가 한마디씩 하지만, 그때가 지나면 관심이 사그라들어요. 그런 목소리에 너무 크게 휘둘릴 필요는 없습니다. 논리와 근거, 의도와 심미성에 맞게 BI를 바꾸기로 결정했다면 자신감을 갖고 밀어붙이는 것도 필요하다고 이야기하고 싶어요.

싸이월드는 소셜 미디어이자 커뮤니티 포털이었으니 제품을 온라인에서 주로 서비스합니다. 그래서 BI나 UI를 바꿔 적용하는 일이 상대적으로 복잡하지 않아요. 웹 UI의 화면에 적용된 BI를 바꾸고, 새 BI의 아이덴티티로 UI를 변경하는 것이 전부였죠(물론 담당자분들은 이게 간단하냐고 하실 수 있겠지만). 손에 잡히는 오프라인 제품과 그 패키지, 매장 간판, 유통망의 광고 홍보물 등을 사용하는 경우에 비하면 복잡성이 많이 낮습니다.

하지만 BI를 바꾸면 무조건 욕을 먹을 수밖에 없다는 사실을 이미 아는 상황에서 걱정하지 않을 수는 없었습니다. '아… 내가 브랜드 매니저인데, BI 변경하고 욕이나 안 먹었으면 좋겠다.' 매일매일 싸이월드를 방문하는 애정 깊은 사용자가 1,000만 명이 넘었으니까요.

그래서 싸이월드는 '애초에 BI가 변화하는 모습을 사용자들께 보여드리자'고 결정했어요. 말씀드린 대로 웹 UI는 유동성이 크고, 변화하는 모습을 순차적으로 보여줄 수 있다는 특징이 있었죠. 변경된 BI 론칭 일을 정해두고, 3주 전부터 기존 BI가 새로운 BI로 1주에 한 번씩 3단계에 걸쳐 변화하는 모습을 모션 그래픽으로 만들어 시선이 가장 많이 몰리는 메인 화면 좌측 상단 로고 영역에서 보여주기로 했어요.

기존 BI에 모션을 넣어 사람 심벌이 내려와 분주하게 움직이며 소문자를 대문자로 키우고, 가운데 'O' 자를 로고타이프 맨 앞으로 던져 원형 심벌을 일부 보여주고, 그 O 안에 사

변경 전 로고(좌)와 변경 후 로고(우)

람들의 얼굴을 바꿔 넣으면서 싸이월드 안에 당신을 포함한 다양한 사람이 있다는 것을 간단한 카피와 함께 설명했죠.

결과는… 역시나 욕을 먹었습니다.

'왜 바꿨냐?' '기존 BI가 더 예쁘다' '더 따뜻하다' '더 친근하다' '바뀐 BI는 딱딱하고 낯설다' 등.

하지만 다행스럽게도 비난의 강도는 예상보다 많이 약했습니다. 주요 내용도 기존 BI 디자인에 대한 애정이 담긴 비판이었어요. 더 만족스러운 것은 사용자분들이 어떻게 생각할지 고민해서 그걸 지금까지 누구도 하지 않은 방식으로 순차적으로 이유와 방향을 설명하며 단계적으로 설명했다는 점입니다. 싸이월드라는 브랜드가 사용자를 대하는 태도가 잘 담았다고 생각해요.

기존 브랜드들의 문법과 상당히 다른 행동이었고, 회사의 상황보다는 그걸 이해해주길 바라는 의도를 고객 관점에서 더 친절하게 진행한 일이었습니다.

죠스 어묵티의 탄생(차별화와 연상 이미지)

차별화의 원칙을 다시 정리해보겠습니다. 브랜딩의 본질 자체가 '구별' '차별화'이고, 브랜딩의 가장 중요한 목적은 ① 특정 브랜드가 갖추었으면 하는 연상 이미지를 생성하고 ② 그것을 널리 알리는 것입니다. 브랜더마다 각양각색의 공식과 방법을 이야기하지만, 이 두 가지 목적을 충족시킬 수 있다면 어떤 것이든 상관없어요. 그게 광고나 영상 콘텐츠가 될 수도 있고 슬로건이나 제품 패키지가 될 수도 있겠죠. 다시 한번 강조하지만, 기업은 제품과 서비스로 말하는 것이 파워가 가장 강합니다. 그 때문에 브랜딩을 위한 고민을 할 때, 그 주요 수단을 '제품'에서부터 이끌어내는 것은 매우 자연스러운 선택이죠.

죠스푸드에서 일할 때 그런 고민이 있었어요.

이런 게 실제로 나오면 재미있겠다고 생각한 저와 팀은 바로 실행에 옮겼어요. 다시 한번 말하지만, 이걸 많이 팔아서 돈을 벌려고 한 것은 아니었습니다. 브랜딩 관점에서 화제를 만들고 사람들 마음속에 우리 브랜드가 더 강하게 자리 잡게 하고 싶었을 뿐이에요.

저희 프로젝트에 대한 초기 내부 반응은 이러했습니다. 이런 의견이 없었다면 거짓말이죠.

worry	오래 전 우리나라 분식의 격을 높인 떡볶이 브랜드. 최근 경쟁이 치열해지네?
observe/ review	참신한 브랜드가 눈에 띄기 시작한다. 우리 브랜드에도 리프레시가 필요한 걸까?
key problem	매장에 더 많은 고객이 방문해야만 한다!
hypothesis	온라인 버즈buzz량(온라인에서 언급된 횟수)은 구매의 선행지표. 우리 브랜드의 온라인 언급량이 늘어나면 구매 고려군evoked set에 들어갈 가능성이 높아질 것이다. 그 깔때기funnel를 거쳐 매출도 함께 늘겠지.
1st direction	그래! 온라인 언급량을 증대시키자. 화젯거리가 필요하다.
related clue	어라? 우리 마케터인 타이거가 협력사와 함께 낸 '어묵 국물 티백'이 꽤 좋은 반응을 얻고 있네?
key idea	저걸 진짜로 만들어볼까? 잘하면 가능하겠는데?

"어묵 국물을 찻잔에 담아 마신다고?"

"이걸 대체 왜 만드는 거야?"

"아이디어는 좋은데 실제로 만들면 팔릴까?"

"점주님들이 싫어해요. 안 받을걸요?"

"몇 개 팔아서 얼마나 벌 수 있어?"

"아, ㅎㅎㅎ 이게 뭐야, 장난도 아니고…ㅎㅎㅎㅎ."

"매장도 좁은데 이걸 다 어디에 쌓아두나?"

저는 이렇게 설득했습니다.

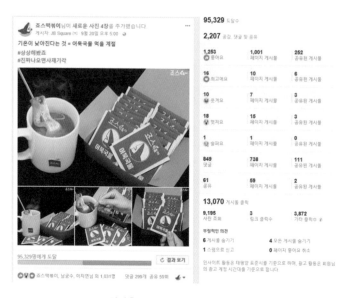

열광을 받았던 어묵티 아이디어

"이걸 팔아서 돈 벌려고 하는 게 아니다."

"콘텐츠다. 그 형식이 이미지나 영상이 아니고, 실재하는 상품이라는 형식이 다를 뿐. 이것을 소비하고 경험함으로써 결국 브랜드에 그런 인식이 연결된다."

"비용은 마케팅 비용이고, 매장에 줄을 세울 수 있다. 만든 것은 다 팔아서 손해 안 보게 하겠다."

당시 대표이사께서도 알아주시고 이해하셨을 뿐 아니라 좋은 프로모션 아이디어까지 보태주셔서 세상에 나올 수 있었어요.

떡볶이 소스를 만들기 위한 국물 팩과 어묵 메뉴를 갖춘 죠스떡볶이에 이미 훌륭한 노하우 베이스가 있었다는 것도 빼놓을 수 없지만, 그 요건 안을 충족시키는 수많은 샘플을 만들어 냄새를 맡고, 성상을 보고, 재료를 보고, 맛을 보고 하는 작업이 필요했습니다.

테스트, 테스트, 테스트, 다시 테스트하며 죠스떡볶이 어묵 국물 맛에 가깝게 맞출지, 칼칼한 맛으로 할지, 어쨌든 차tea니까 좀 덜 짜게 할지, 티백 모양을 양면체로 할지, 사면체로 할지, 티백 소재는 모슬린으로 할지, 사체로 할지 펄프로 할지 등을 결정했습니다. 당연히 티백 안에 넣을 원재료의 성상도 선택하고요. 티백에 붙은 태그를 양면으로 나오게 하기 위해 극복해야 할 방법도 찾았어요.

콘텐츠로 접근한다고 해서 맛과 재료에 소홀할 수 없죠. 외식 브랜드의 본질은 결국 맛이니까요. 우리는 어떤 경우든 결코 재료는 타협하지 않는다는 약속을 했잖아요. 다행히 95% 이상의 리뷰가 맛까지 좋다는 내용이어서 목적에 맞게 잘 개발했다는 것을 증명해냈어요.

이 상품은 이벤트 성격의 한정판이었고, 앞서 말했던 것처럼 수익성 중요도가 낮은 이슈였습니다. 죠스떡볶이가 오프라인에 기반을 둔 브랜드지만, 온라인에서도 매장 유입을 유도하고자 20~30대 여성이 주로 사용하는 인스타그램 홍

여러 번 거듭한 샘플 테스트

보에 집중했습니다. 게시물을 올리기 좋도록 패키지에 신경
을 많이 쓰기로 했고요.

트렌디한 패션 브랜드 출신의 감 좋은 Y 디자이너가 꼬치
어묵에서 영감을 얻은 '길쭉 둥글 통통'한 패턴을 만들어주
었고, 이걸 죠스떡볶이 컬러로 바꿨더니 북유럽 감성이 나
는 결과물이 나왔어요. 그걸 예전부터 간단하면서도 고급스

Y와의 어묵티 디자인 시안 리뷰

럽다고 느꼈던 '오설록'을 오마주한 패키지에 씌웠죠(패키지도 비쌌어요).

브랜드 아이덴티티도 전해야 했으니, 패키지 내부의 티백을 담는 파우치는 (고급의, 비싼) 알루미늄 파우치를 선정했고, 패키지에는 거의 적용하지 않은 죠스떡볶이의 아이덴티티를 담았습니다. 흔히 쓰이는 오뎅보다는 표준어인 '어묵'을 사용해 '어묵티'라고 이름 짓고, 영문명도 'fish cake tea'라는 괴상한 말이 싫어 'omuk tea'라고 표기해서 차별성과 범용성을 확보했어요.

아이데이션을 하며 나온 '오뎅 → 겨울 → 영화 〈러브레터〉 → 오겡끼데스까 → 오뎅끼데스까'로 이어지는 의식의

최종 확정한 어묵티 패키지 디자인

흐름을 바탕으로 제품 정체성과 재미를 함께 담은 '오뎅끼 데스까'라는 헤드 카피를 뽑았고, 보디 카피도 그 연장선상에서 썼죠. 어묵이라는 흔한 상품에 다소간의 프리미엄 이미지를 씌운 것도 전략이었습니다. 리뷰를 보면 '쓸고퀄(쓸데없이 높은 퀄리티)'라는 말도 많았죠. 역시 의도한 거지만요.

읽었을 때 '엥? 이건 뭐지?' 하는 의외성을 주고자, 보디 카피도 엉뚱한 감성을 담아 썼어요. 이건 상품인 동시에 콘텐츠로 기획한 것이었으니까요.

티징 영상도 '어묵이 티가 된다'는 아주 본질적인 내용을 간결하지만 시각적으로 재미있게 풀었어요. 잔 위에서 꼬치 어묵을 떨어뜨리고, 그게 국물이 되어 잔에 담기는.

문제를 포착하고, 실마리를 찾고, 콘셉트를 수립하고, 상

어묵티 패키지 디테일

품 기획부터 테스트, 소재 선택과 생산, 패키지 디자인, 카피 작성과 영상 기획, 온라인 유통망 협의까지. 돌이켜 보면 수 많은 과정이 무척 빠르게 진행되었네요.

영하 8도였던 어묵티 출시 당일 매장 앞에 늘어선 줄

　프리 론칭일이던 2017년 12월 8일 금요일, 매장 앞에 길게 줄을 선 모습으로 언론과 소셜 미디어에 자랑을 하고 싶었으나 갑자기 떨어진 기온 탓에(서울 기준 최저기온 약 -8℃) 추위에 떨 고객들을 걱정해 대기 줄에서라도 따뜻하게 드시라고 핫 팩과 어묵티를 미리 나눠드리며 이벤트를 바로 시작했습니다.

　이벤트가 시작되자 근처 여기저기에서 나와 줄을 이어 서주시는 분들이 적지 않았습니다. 그렇게 주말을 보내고 12월 11일 정식으로 어묵티를 론칭했습니다.

　비용을 쓰는 바이럴 마케팅도 약간은 준비했지만, 세상에 없던 이 상품의 성공에 대한 확신을 뒷받침해줄 데이터가

수많은 기다림에 부응하고자

없는 상태에서 커뮤니케이션 비용을 넉넉히 집행하기가 부담스러웠던 것이 사실이에요.

초기 이슈화가 필요했기에, 반응을 금방 알 수 있는 온라인 판매도 알아보면서 파트너를 찾아보았습니다. 당시 G마켓의 S 팀장님께 연락하고, 바로 미팅해 조건과 판매 개시 날짜도 잡았죠. 다행히 순조롭게 진행되었어요.

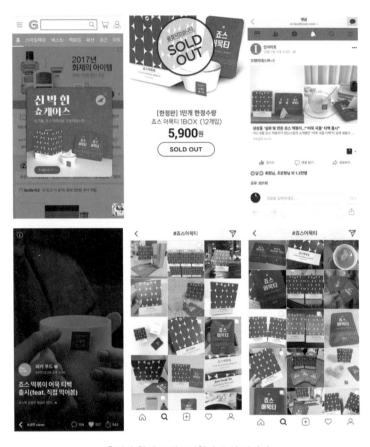

출시와 함께 소란스러웠던 소셜 미디어

G마켓에서 한정으로 론칭해 본격적으로 판매한 지 몇 시간 되지 않아 1만 개가 완판되었습니다. 완판된 직후에 긴급 공수한 추가분 1만 개도 금방 동나버렸고요.

온라인 판매 채널을 하나로 한정한 이유는 앞서 말한 것

당시 했던 인터뷰네요

처럼 이 프로젝트의 목적이 '많이 팔아서 돈 벌기'가 아니라 '이슈화를 통한 인지도 제고'였기 때문입니다. 온라인 판매로 이슈화하고, 매장 방문 구매를 유도해 어묵티와 함께 기존 메뉴 구매 유도를 노리는 것이지요. 그렇게 하면 온라인 커머스 플랫폼의 광고 인벤토리를 충분히 받거나 수수료를 좋은 조건으로 얻을 수 있어서 좋습니다. 온라인 채널 측에서는 독점 상품으로 새 고객 유입과 회원 가입을 유도할 수 있어서 좋고요.

판매 개시 후 페이스북, 블로그, 인스타그램에 자발적 바이럴이 시작되었고, 인사이트, 피키푸드, 오늘뭐먹지, 그리고 당시 우리 소셜 미디어를 함께 운영하는 대행사의 각종 맛집 페이지 등 비중 있는 매체에서 어묵티를 다루면서 폭발적인 반응이 퍼졌습니다. 인스타그램에서 '#죠스어묵티'를 검색해보면 저희가 제작한 예쁜 패턴으로 도배된 것을 볼 수 있었습니다. 모두가 의도한 대로였죠.

정리해보자면, 애초 저의 계획은 제품을 한정판으로 만들고 이슈화하는 것이 목적이었으므로 수익을 기대한 건 아니었어요. 오프라인 매장에 방문객을 늘리는 것을 목표로 프랜차이즈 본사의 역할을 하고자 했기 때문에 초기 판매 이후에는 수수료나 배송비가 들지 않도록 매장에서만 판매하려 했고요. 생산량 모두를 팔 자신이 있었고, 매장 방문객을 늘릴 자신도 있었습니다.

구매의 선행지표는 버즈량인데, 버즈량이 늘면서 매장 방문자 수가 20%가량이나 늘었고, 매출도 따라 올라갔습니다. 어묵티 사러 매장을 찾은 고객들께서 떡볶이와 순대, 어묵도 구매했다고 볼 수 있었죠.

좋은 결과와 별개로, 개인적으로는 상권에 대한 이해도를 한 차원 높일 기회였다는 것도 큰 성과였습니다. 어묵티가 아주 잘 팔려서 더 발주하는 매장이 있고, 애초에 잘 팔리지 않는 매장이 있는데, 구체적으로 말씀드리긴 어렵지만, 주택 밀집 지역과 오피스/번화가에 있는 매장의 차이였고, 이 두 상권 각각의 특징이 매우 일관성 있었다는 것을 알게 됐어요.

3. 브랜딩적 생각으로 해왔던 일

삼립호빵 : 50년, 100년 지켜주고 싶은 No.1 브랜드

SPC삼립에 합류했던 2020년 가장 중요한 어젠다는 출시 50주년을 맞은 '삼립호빵'이었습니다.

자신감을 바탕으로 통합적인 마케팅Integrated Marketing Communication, IMC을 힘 있게 진행했습니다.

유재석 씨를 모델로 기용한 광고를 만들어 집행했고, 2시간이 안 되어 2만 개를 완판하며 '초단기 완판'이라는 이슈를 만든 '호찜이'는 그해 가장 핫한 굿즈로 등극했죠. 애너모픽 콘텐츠anamorphic contents(입체적인 움직임이 있는 거대한 영상 콘텐츠)를 만들어 코엑스 대형 옥외 매체에 집행해서 이슈를 만들고, 강남대로에 버스 정류장을 호빵찜기 모양으로 만들어 주목을 끌기도 했습니다.

김을 폴폴 뿜으며 '겨울이 왔어요. 춥죠? 호빵 하나 사드세요~' 하고 거리의 가게 앞에서 사람들을 넛징nudging하던 호빵찜기를 다른 방법으로나마 지속적으로 보여주기 위해서였죠.

그 밖에 4자(삼립, 코오롱, 29CM, 빅이슈코리아) 컬래버레이션을 통해 또 다른 굿즈를 만들어 판매액 전액을 기부했고, 2020년도 기준으로 출시 50주년을 기념하기 위해 호빵의 브랜드 역사와 이야기를 담은 《호빵책》도 만들어 전권을 판

서울 삼성역 앞 대형 영상 광고(2022 대한민국 광고대상 동상 수상작)

버스 정류장에서 만나는 호빵의 온기

호빵 출시 50주년을 기념하는 브랜드북 《호빵책》, 1주 만에 완판!

매했죠.

그 과정을 조금 자세히 살펴볼까요?

50년도 넘는 오랜 기간 독보적인 겨울 간식 포지션을 지켜온 '삼립호빵'. 제게는 그 자리를 50년이고 100년이고 계속 지켜주고 싶은 브랜드였습니다. 그러자면 호빵을 구매하는 고객층의 연령을 낮춰야 하죠. 미래를 본 겁니다.

메인 채널은 전통적인 오프라인 유통으로 하더라도, 온라인 유통도 챙기며 점유율을 늘려가야 했습니다. 그럼 온라인 유통을 위한 베네핏은 무엇이 있을까요?

2019~2020년 시즌에는 온라인 유통 시장에 성장이 있었습니다. 각종 굿즈가 성행하면서 첫 호빵 굿즈인 '호빵찜기 가습기'도 작은 화제를 만들며 온라인 유통 성장에 중요한 역할을 해주었던 거죠.

기온이 떨어지고, 찬 바람이 싸늘하게 두 뺨을 스치고, 입에서 김이 나오기 시작할 무렵, 우리는 옷깃을 여미며 따뜻한 것을 찾게 되죠. 겨울에도 먹을 것이 차고 넘치는 지금도 그런데, 50년 전에는 어땠을까요? 기록에 의하면, 당시 대방동에 있던 호빵 공장 앞에 호빵을 사려는 사람들 줄이 몇백 미터나 이어졌다고 해요. 일반 빵이 5원이었고, 호빵은 그 4배인 20원인 시절이었는데도 말이죠.

이 호빵을 더 편리하게 사고팔 수 있게 만든 것이 '호빵찜기'였습니다. 찜기 덕에 소매점에서 호빵을 직접 쪄서 하나씩 꺼내 사고팔기 시작했습니다. 이때가 1972년이었습니다. 찜기는 기능적으로도 훌륭하지만, 찬 바람이 불어올 때 거리에서 김을 뿜으며 서 있는 모습이 하나의 상징적인 풍경이 되었죠. 저는 바로 이 풍경이 '삼립호빵'이 겨울 대표 간식으로 자리 잡는 계기가 되었다고 생각해요. 싸늘한 날씨에 옷깃을 여미고 발걸음을 재촉하며 '이 찬 바람⋯ 겨울이 온 건가?' 생각할 때쯤 김을 폴폴 뿜어내며 서 있는 호빵찜기를 본다면 그 누가 그냥 지나치겠나요?

최근에는 이 찜기가 거리에서 잘 보이지 않습니다. 찌는 시간을 관리할 수 없어 균일한 품질로 판매하기 어렵기도 하고, 청소를 매일 해야 해서 관리하기 번거롭기도 해요. 매장에서 제조하는 것도 아닌데 포장이 안 되어 있는 제품을 꺼내 판매하는 것이 불편하기도 합니다. 세상이 바뀌면서 아쉬워진 점들이 있어요. 그래도 이 호빵찜기는 여전히 호빵과 가장 강하게 붙어 있는 모티브이자 심벌입니다.

'호빵찜기 가습기'도 호빵이 뿜어내는 김에서 착안한 아이디어였고, 겨울에 사무실 책상에 가습기를 사용하는 분이 많다는 데 착안한 거였어요. 브랜드가 보유한 인식과 잠재 소비자의 행동 패턴이 기가 막힌 교차점을 이루는 지점을 포착한 굿즈였어요. 이 두 가지에 심미성(인스타그램에 올

호빵찜기 가습기

리고 싶은 정도)을 더하면 그야말로 터지는 굿즈가 나오게 되는 거죠. 희소성까지 갖추면(자랑하고 싶은 욕구 극대화) 아예 다른 레벨이 되는 거고요.

브랜딩에도 동기가 중요합니다. 담당자의 내적 동기건, 회사에서 준 미션에 의한 동기건 상관없어요. 전년도에 유통 시장이 전반적으로 성장함에 따라, 1951년에 처음 선보인 삼립호빵이 탄생 50주년이 되는 2020년도에도 더 큰 성장을 요구받는 상황이었어요.

호빵이 장기적으로 겨울 대표 간식 자리를 지키게 하려면 현재 소비자만으로는 안 되겠다는 판단이 섰습니다. 더 젊은 층에게 어필해야 하는 과제는 지금까지 이어져오고 있어요. 그래서 담당자였던 K 대리와 함께 이런 준비를 했습니다.

포지션	호빵, 겨울 대표 간식의 자리를 계속 지키게 하고 싶다.
목표	젊은 소비자에게 더 많이 경험시켜야 한다. 더 많이 팔아야 한다.
방법	온라인 유통을 더 늘리자.
프로젝트	젊은 소비자의 관심을 끌기 위해 그들이 좋아할 굿즈를 만들어 함께 판매하자.
아이디어	우리에게는 '호빵찜기'라는 훌륭한 헤리티지가 있다. 소비자와 잠재 소비자의 행동 패턴 속으로 들어가자. 기능이건 스토리건, 호빵과 관련 있어야 하고, 기능은 갖춰야 한다. 예뻐야 한다. 갖고 싶어야 한다. 호빵이 대중적인 브랜드인 만큼 누구나 쉽게 접근할 수 있는 대중성을 가져야 한다. 호빵을 가장 맛있게 즐기는 방법은 쪄서 먹는 방법이고, 쪄 먹으려면 냄비에 물을 받고, 찜용 트레이에 넣고 쪄서 꺼내 먹어야 하는데, 다소 번거롭다. 그래서 가장 일반적으로 호빵을 데워 먹는 방법은 전자레인지. 그냥 넣어 돌리면 호빵이 딱딱해지는 문제가 있다.
고객 편익	호빵을 구매한 고객들이 간편한 방법으로 맛있게 즐기게 하자.
브랜딩 의도	거리에서 사라진 호빵찜기를 집에 집어넣자. 볼 때마다 호빵을 사고 싶게 하자.

그래서 '호찜이'가 탄생했습니다!

'미니 스티머 Mini Steamer' 등 여러 네이밍 아이디어가 나왔
으나 호빵의 브랜드 아이덴티티인 따뜻함, 세대를 포괄하는
대중성, 부담 없이 접근 가능한 친근한 이미지 등을 반영해
'호찜이'라는 이름을 택했습니다. 어쩌다 의인화까지 시켜
더 귀여워졌네요.

　주목을 끌어야 했으니 영향력이 큰 매체를 활용해야 했습
니다. 널리 알리는 힘이 있으면서 판매까지 되는 매체는 단
연 커머스 플랫폼이죠. 몇 군데 타진하다가 가장 많이 노출
할 수 있는, 공유하기 쉬운 조건을 갖춘 파트너로 '카카오 선
물하기'를 선택했습니다.

　결과는 어땠을까요? 론칭 첫날, 주말에 가족과 식사를 하
고 있는데 카톡 알림과 전화벨이 쉴 새 없이 울렸습니다.

"오픈 잘했다!"

"오류 없고, 주문 잘된다."

"벌써부터 인스타그램에 구매 인증 게시물들이 올라오기 시
작한다."

"흠… 양이 생각보다 많다. 다행이다. 반응이 좋은 것 같다."

"엇, 품절이다. 추가 발주를 해야 할 것 같은데 어떻게 할까?"

예상했던 바였습니다.

1인용 호빵찜기 '호찜이'

큰 이슈가 되었고, 2시간이 채 안 되어 1차 수량 2만 개가 몽땅 판매되었습니다. 젊은 층에게도 충분히 어필했고, 그분들의 인식 속 '겨울 간식' 카테고리에도 호빵이 더 단단한 포지션을 확보하는 데 성공했습니다.

세상에 없던, 처음 선보이는 제품이라는 독특함과 차별성, '호빵'이라는 속성과 깊이 연결된 기능을 담아 사람들이 호빵을 떠올릴 때 함께 떠올리는 '따뜻함' '귀여움' 같은 연상 이미지와 네임이, 커뮤니케이션을 위한 콘텐츠와 잘 연결되었죠. '브랜딩적 생각'이 기획 때부터 반영되어 만들어

낸 결과라고 생각해요.

더 나은 세상을 위한 브랜딩 무브먼트

제가 힘을 보탰던 여러 브랜드 가운데 여전히 가장 인상적인 것은 탐스입니다. 앞서 이야기했던 원포원(소비자가 한 켤레의 탐스를 구매하면 도움이 필요한 전 세계 아이들에게 한 켤레의 신발을 기부합니다)의 사회적 목적이 상당한 이슈가 되었습니다.

지금은 본질이라고 할 수 있는 상품이 트렌드와 지속성을 지키지 못하면서 예전의 인기는 줄어들었지만, 론칭 직후부터 10여 년간 보여준 행보는 대단했습니다.

앞서 말한 대로, 브랜드는 차별적인 하나의 생각이나 개념이고 브랜딩은 그 차별적인 생각과 개념을 만들고, 널리 퍼뜨리고, 고객을 거기에 참여하게 만드는 과정입니다. 그런 면에서 브랜드가 브랜딩을 하는 것은 하나의 무브먼트movement라고 할 수 있죠.

제가 탐스의 브랜딩이 대단하다고 여겼던 포인트는 이렇습니다.

- 맨발로 다니다가 질병을 얻어 학교에 가지 못하고, 좋은 직업을 갖기 어려워 빈곤한 삶을 살 수밖에 없는 이들을 돕기로 함
- 고객이 신발을 한 켤레 살 때마다 한 켤레를 신발이 필요한 어린이들에게 기부하는 방식을 사람들에게 '무브먼트' 형식으로 전개하며 확산
- 사업을 확장할 때 첫 카테고리였던 신발을 중심에 두고 확장한 것이 아니라 전 세계에 기부가 필요한 대상을 설정하고 그에 맞는 상품 카테고리로 확장
- 눈에 병이 생겼을 때, 의료 기관 수가 충분치 않은 개발도상국에서는 방치하다가 시력을 잃는 경우가 많다는 것에 착안해 시력을 기부하는 것과 연상 이미지가 가까운 '아이웨어'를 선택
- 물이 부족해 물을 찾고 확보하기 위해 사용하는 시간의 합이 아프리카 대륙에서만 연간 400억 시간이라는 것이 착안해 물을 기부하는 것과 연상 이미지가 가까운 '커피'를 그다음 아이템으로 선택

사업 확장에까지 브랜드의 미션 의식을 강하게 반영하는 탐스. 이 얼마나 매력이 넘치는 아름다운 브랜드입니까? 탐스는 전 세계 130여 국가에 지속적으로 기부를 했고, 그 사

실이 전 세계 120개가량의 NGO를 통해 매우 투명하게 관리되었죠. 사업을 일으키고, 고객과 소통하며 참여를 유도하는 방식, 기부를 하는 방식이나 사업을 확장하는 방식까지, 탐스는 진심으로 하나의 무브먼트였어요. 역사적으로 비슷한 사례를 찾기 어려울 정도입니다.

탐스는 2000년대 후반 우리나라에 진출한 후 디자이너 등 아티스트, 패션업 종사자를 중심으로 느린 속도로 알려지고 있었습니다. 그러다 패셔니스타로 유명한 연예인 커플이 파리의 에펠탑 앞에서 탐스를 신고 찍은 사진이 싸이월드에서 회자되면서 더 많이 알려졌죠. 고객이 확장되면서 탐스코리아는 더 다양하고 많은 종류의 제품을 우리나라에 들여올 수 있었습니다.

수입하는 종류와 양이 늘어나서 고객이 선택할 수 있는 폭이 늘어나기도 했지만, 다른 한편으로는 재고 상품이 쌓인다는 단점도 있었죠. 이와 관련해 2013년 가을 무렵 두 가지 목적을 설정했어요.

1. 과거부터 모인 상품, 시즌이 지나면 판매하기 어려운 상품을 대대적으로 정리하자.
2. 더 많은 수의 신발이 판매되면 더 많은 수의 신발이 기부된다. 기부를 더 많이 할 수 있도록 잠재 고객 수를 늘리자.

이 두 목적을 충족시킬 수 있는 팸셀 행사를 준비했습니다. 팸셀 즉 패밀리 세일은 직원과 VIP 고객 등을 대상으로 재고나 샘플을 아주 저렴한 가격에 판매하는 행사죠.

탐스는 미국에서 탄생한 브랜드이고 마침 미국 최대 명절인 추수감사절이 돌아오고 있으니 이와 연계하는 게 좋겠다는 생각을 했습니다. 타이틀은 '땡스 기빙 스페셜Thanks Giving Special'.

차별성을 위해 ① 시각적 강도를 세게 하고 ② 행사의 존재를 미리 알려 기대감을 높이려고 했습니다. 할인율을 크게 제시하고, 오픈 5일 전부터 공식 온라인 스토어의 메인 화면에 타이머를 띄웠어요.

탐스를 구매하기 위해 공식 몰에 들어온 고객들이 이걸 보고 기대를 안 할 수가 없었겠죠? 탐스는 시즌이 아주 중요한 패션 브랜드이고 당 시즌 신제품은 할인 대상에서 빠져 있으니 당장 구매할 분들은 구매할 것이고, 타이머를 본 고객은 주변에 알릴 거라는 계산도 있었습니다.

여러 차례 테스트를 거쳐 오픈 당일이 되었습니다. 오전에 오픈하고 오류가 없는 것을 확인한 후, 동료들과 점심 식사를 하러 갔는데 전화기에 불이 났습니다. 자사 쇼핑몰 서버가 다운되어버린 거였죠.

"다수의 불만 글이 올라오고 있다" "기사가 수십 개 올라

오픈 당시 배너

오고 있다" 이런 연락이 쏟아지는 가운데, 수저를 내려놓고 곧바로 사무실에 복귀했어요. 예측대로 수많은 고객께 알려지고 기대감이 조성되어 이슈를 만드는 데는 성공했으나, 작은 서버 용량을 생각하지 못한 게 실수였습니다. 솔직히 이렇게까지 많이 오실 줄은 몰랐거든요.

다행히 함께 행사를 하던 C×몰, G×홈쇼핑, 신×계몰 등은 대기업인 만큼 서버가 잘 견뎌주었고, 탐스 관련 소식의 클릭이 많이 나오자 수많은 기사가 계속 생산되었어요.

그날, 지금은 사라진 네이버 실시간 검색에 탐스는 무려 11시간이나 1위에 올라 있었습니다. 실검 1위에 오르는 게 여러 마케터, 연예인, 정치인 등 유명인들의 꿈이라지만, 막상 그걸 겪어보니 세상에… 너무나 힘든 일이었어요.

난리가 났던 실시간 검색창

국민 영웅 '식빵언니'를 진짜 식빵으로

2020년 도쿄 올림픽은 코로나로 1년 늦춰져 2021년에 개최되었습니다. 올림픽답게 감동적인 경기가 여럿 있었죠. 그중에서 빼놓을 수 없는 경기가 한국과 일본의 여자 배구 조별 리그 경기였어요.

당시 대표 팀 주장으로 참가한 김연경 선수는 대회에서 마지막 불꽃을 태웠고, 끝까지 포기하지 않는 아주 뜨거운 명승부를 펼쳐 국민들에게 감동을 안겨주었지요.

김연경 선수에게는 '식빵언니'라는 별명이 있습니다. 어느 경기에서 자신의 공격이 실패하자 혼잣말로 욕설을 내뱉는

'김연경 30 득점'…한국, 일본에 5세트 막판 뒤집기 승리

2020년 도쿄 올림픽을 달군 김연경 선수

듯한 입 모양을 했는데, 그 장면을 본 팬들이 붙여준 애정 어린 별명이죠. 저는 여기에서 브랜딩의 가능성을 보았습니다.

올림픽이 막 끝났고 여자 배구 일본전 4강 진출의 감격과 열기는 아직 남아 있었어요. 역대 세계 배구 선수 파워 지수 1위를 기록한 국민 모두의 히어로로, 김연경 선수는 국가 대표 은퇴를 선언했고요.

2020 도쿄 하계 올림픽
대한민국 여자 배구 4강 진출 "기적은 계속된다!"

눈시울 붉힌 김연경, 국대 은퇴 선언 "꿈같은 시간 보냈다"

우리나라 배구 역사상 최고의 선수인 김연경 선수는 우리나라 젊은 세대에게 '식빵언니'로도 사랑받고 있습니다. 그식빵언니가 도쿄 올림픽에서 보여준 열정과 실력 덕에 많은사람들이 사랑에 빠져버렸습니다. 이 정서를 활용하면 성공적인 브랜딩이 가능해 보였어요.

다만, 아직 고려해야 할 것이 많이 남아 있었습니다. 콘셉트 설정, 상품 개발, 유통 채널 협상, 커뮤니케이션 콘텐츠기획, 제작 등등을 다 하기에 시간이 많지 않았습니다. 또'식빵언니'라는 별명이 욕에서 비롯된 만큼 리스크로 번지진 않을까 하는 걱정도 있었어요. 나아가서는 호감도에 지속성이 있을까도요.

여러 고민이 있었으나 그런 것은 접어두고 콘셉트부터 만들어보기로 했습니다.

제가 분석한 김연경 선수의 이미지는 이러했습니다. 현재최고의 유명인, 국가를 대표하는 선수, 공중파 방송에 자주나오는 미혼 여성이 누군가에게 욕을 했던 일로 더 유명해지고, 사람들은 그것을 좋아합니다. 오히려 시원스럽고 멋있게 생각합니다.

- 어떤 유명인이 욕을 하면 사람들에게 더 큰 욕을 먹고, 어떤유명인은 욕을 해도 시원스럽다는 말을 듣는다. 심지어 욕

좀 한번 해달라고 부탁도 한다. 그러면서 욕을 먹은 후 열광까지 한다. 이건 상식인가? 일부에 해당하진 않는가? 지속성이 있을까?

- 김연경 선수의 욕은 쌍욕이 아니라 적에게, 갈등 관계에, 내적 불안감에, 나를 힘들게 하는 어떤 요소에 날리는 시원스러운 배설이라서 괜찮은 걸까?

- 이쯤 되면 우리가 만들어 팔려는 것이 식빵인가? 식빵을 주제로 한 컬처인가? 콘텐츠인가? 짤인가? 밈인가??

- 팀 전체가 호빵 시즌 준비로 바쁘다. 갑작스레 규모도 있고 중요도도 높은 일이 팀에 부담이 될 수 있다. 동시에 잘하고 싶은 욕심도 생긴다. 국민적 관심도 관심이지만, 순전히 팬심으로.

당시는 코로나19 팬데믹이 1년을 훌쩍 넘기면서 많은 사람이 답답해하던 때였습니다. 학교도 가지 못하고, 보고 싶은 사람들도 한자리에 모이지 못하던 답답한 시절. 그런 상황을 고려해 이런 콘셉트를 잡았습니다.

'통쾌하게 날려주는 이미지를 가진, 내 편이 되어주는 든든한 국민 언니'.

자, 콘셉트를 잡았으니 이제 상품 기획을 할 차례입니다.

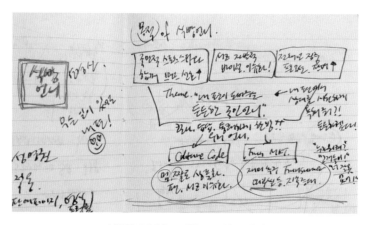

식빵언니 콘셉트 기획 노트 일부 발췌

● 우리가 만들려는 게 뭐지?

우리가 만들어 팔려는 것은 식빵이었습니다. 그런데 시작부터 너무 멀리 온 것일까요? 현재 위치를 파악해봐야 합니다.

우리는 식빵을 팔려고 하는 것인가, 아니면 식빵을 주제로 한 컬처 콘텐츠를 팔려고 하는 것인가(이걸 강조하는 이유는 이 부분이 식빵언니의 핵심이기 때문이었습니다)?

우리가 팔려는 것은 식빵이지만, 그냥 식빵은 아닙니다. 재미있는 문화지만, 길게 가지는 않을 것이고요. '짤'일 수도 있고 '밈'일 수도 있었습니다. 과거 경험했던 홈플러스 버추얼스토어, 죠스 어묵티와 같은 맥락이었죠.

이번 사례에는 현실적인 제약이 많았습니다. 정해놓은 콘셉트를 따라가기 위해서는 상품을 신제품으로 내야 했어요. 그런데 그러려면 거쳐야 하는 절차도 많은데, 시간은 부족했고요. 그때 식빵 담당 마케팅 부서의 K 팀장님이 공개할 수 없는 아이디어를 냈죠.

"이걸 지금부터 새롭게 신제품으로 검토하면 9월 내엔 어림없어요. 단, 품질은 양보할 수 없으니 맛도 있고 질감도 좋은, 고객 선호도가 높은 탕종 식빵이 좋겠어요. 제가 드린 아이디어라면 그 일정 안에 가능할 겁니다."

제 생각은 이렇게 흘러갔습니다.

'오~ 좋아, 좋아. 그럼 우리 식빵에 김연경 선수의 모습을 넣어 패키지만 적용하는 것뿐 아니라, 제품력까지 확실히 업그레이드되겠구나! 오케이, 운까지 따라주고 있어.'

- 젊은 층이 주로 이용하는 편의점과 온라인은 신제품으로 가고, 사이즈로 베리에이션!
- 편의점용은 중식빵 이상은 좀 크고 부담스러우니까 소단량 3입짜리로.
- 편의점에 유통되는 2, 3입짜리 식빵이 대개 1,500~1,800원 정도 하니까, 그 정도 선에서 맞추는 걸로.
- 온라인용은 편의점보다는 큰 사이즈로, 배송료까지 포함해야 하니까 이를 감안해서 가격 책정.

- 주로 판매되는 채널인 할인점과 대리점, 슈퍼마켓은 기존 판매되는 식빵 패키지에 연경느님 멋진 모습 넣어서 리뉴얼만 (기간 한정으로) 하고 가격은 유지.

● 네이밍, 슬로건, 디자인

탕종법으로 반죽해 만든 식빵은 찰지고 촉촉한 게 특징입니다. 점점 인기가 좋아지고 있었죠. 패키지에는 김연경 선수 사진을 넣고, 제품명은 미리 정했습니다. 다른 선택지는 필요 없었어요.

왜? 이 프로젝트의 목적은 '좋은 제품을 만드는 것'이 아니고, 사회 전반에 퍼져 있는 '국민 영웅 식빵언니의 이미지와 특징을 얼마나 공감 가게 담아낼 것인가?' 였으니까요.

시간이 워낙 없기도 했지만, 오로지 그 이미지, 그 스토리, 그 콘텐츠에만 깊숙이 들어가서 기획했어요. 그래서 제품명은 '식빵언니'.

다만, 아무리 콘텐츠로서의 상품이라고 해도 상품 특성에 대한 설명이 필요합니다. 촉촉하고 찰진 탕종 식빵의 특징을 설명하고, 김연경 선수의 이미지를 빌려와 제품 슬로건을 '식빵언니의 찰진 스파이크!'로 정했어요.

상품명과 슬로건은 정했으니 디자인이 남았습니다. 디자인은 세간에 화제가 된 식빵언니의 이미지가 잘 드러나도록 해야 했어요. '식빵'의 입 모양을 표현하면 재밌겠다는 생각도 했습니다. 패키지에서는 실제 소리가 나지 않으니 부담도 덜하고요. 또 두 가지 패키지로 만들어서 2개를 구매해 나란히 사진을 찍도록 유도했습니다.

당시 끄적인 아이디어 노트를 (부끄럽지만) 공유합니다.

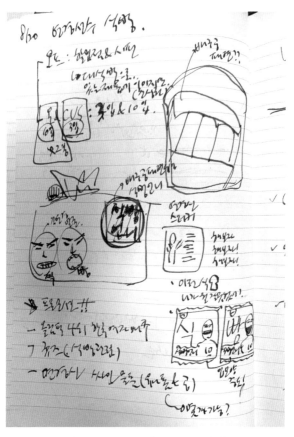

식빵언니 콘셉트 기획 노트 일부 발췌

● 콘텐츠 & 커뮤니케이션

콘텐츠 제작 단계에서는 광고대행사의 도움이 필요합니다. 갑자기 하기로 한 만큼 촉박한 일정 속에서 당시 우리를 담당하던 D 광고대행사에 연락했는데, 원래 담당하던 팀이 한창 호빵 광고로 바쁠 때라 여력이 없었어요. 그래도 바짓가랑이를 잡는 심정으로 기획 내용을 공유하며 "브랜딩, 패키지, 프로모션 등 기획은 다 되었다. 촬영과 크리에이티브, 콘텐츠 중심으로 준비해달라"고 부탁했습니다.

이런 건은 사실 광고대행사 입장에서 매력이 없는 일이기도 합니다. 기존 팀의 일에 얹어 가는 것도 아니어서 효율성이 떨어지고, 일정이 너무 짧은 데다, 기획이 어느 정도 진행된 중에 참여하는 것이기에 조율도 필요합니다. 매체를 다양하고 많이 쓰는 것도 아니니 돈도 얼마 안 되는 일입니다. 그래도 저는 설득했고, D 광고대행사에서 흔쾌히 수락하셨어요. '국민 영웅 연경느님의 제품이니까요. 식빵언니니까요."

기대하던 순간도 찾아왔습니다. 김연경 선수의 촬영이었죠. 가능한 한 가장 빠른 날로 촬영 일정을 잡으려 했는데, 워낙 슈퍼스타여서 쉽지는 않았습니다. 몇 차례 조율을 거쳐 자투리 시간을 활용해 이틀에 나누어 찍기로 했습니다.

대망의 론칭일, 쏟아져 나온 기사 가운데 '가격 이슈'에 관한 내용이 많았습니다. 다른 제품에 비해 꽤 비싸다는 이야기였죠. 앞서 이야기했던 것처럼, 이때 김연경 선수의 팬덤에 큰 도움을 받았습니다. 여러 커뮤니티 게시글과 기사 댓글에서 '품질에 비해 비싼 게 아니다'라는 우호적인 여론이 팬들 중심으로 퍼져나가기 시작했습니다. 덕분에 가격 논란이 크게 일어나지 않았을뿐더러, 초기 붐업을 하는 데도 긍정적인 요소로 작용했습니다.

최종 완성된 식빵언니 패키지 디자인

● **프로모션과 론칭**

이런 상품은 사실 프로모션만큼이나 경품도 무척 중요합니다. 엄밀히 이 상품은 '식빵'이 아니라, 김연경 선수의 강력한 팬덤에 힘입은 상품이었으니까요. 모델에 대한 관심이 한창 뜨거울 때라 상품 퀄리티가 좋지 않거나 가격이 너무 비싸면, 우리도 고객도 모델도 좋은 경험을 하지 못할 것이 확실했습니다. 그래서 다른 데서는 구할 수 없는 경품을 구성하기로 했어요.

이런 상품은 이슈화 후 확 떴을 때 좌악 판매되고 금방 판매량이 떨어질 가능성이 높습니다. 우리 팀으로선 이슈화 기간을 조금이라도 늘리는 게 중요한 미션이었고, 담당자이던 K 대리(호찜이를 함께 만들었던 바로 그 K 대리)와 함께 아주 특별한 아이템으로 이슈화를 한 번 더 하기로 했지요. 식빵 관련 아이템을 초한정판으로 만들기로 하고, 가장 공을 들이고 시간을 쏟아, 가장 예쁘게 생긴 아이템으로 샌드위치 메이커를 고르고, 거의 헌정하는 식으로 전면에 김연경 선수를 멋지게 그래픽으로 만들어 인쇄하기로 했죠. 그래서 나온 결과물! 짠!!!

순식간에 동났던 300개 한정 식빵언니 굿즈

● 배운 것들

이 프로젝트를 통해서도 배우고 느낀 것이 많아요. 출시일을 미리 못 박아놓고 하는 일이라 일정이 워낙 촉박했고, 부족한 건 출시 이후에 보완해야 했죠. 하지만 그 편이 더 도움이 되었다고 확신합니다. '린 싱킹lean thinking(군더더기를 제거하고 바로 행동에 옮기는 것)'에 '린 프로세스lean process(작업 방식을 최적화해 효율성을 높이는 것)', 론칭 이후 '피버팅pivoting(기존 사업 모델을 바탕으로 사업 방향을 전환하는 것)'을 웬만한 스타트업보다 더 잘 실행했다고 자부해요.

어려운 상황이더라도 '되네, 안 되네' 따지거나 우왕좌왕하지 않고, 그저 되는 건 하고 안 되는 건 미루는 방식을 택했습니다. 빠른 결정을 통해 해야 할 일 리스트를 쉽게 나열

하고, 그에 맞추어 진행할 수 있었죠. 결과적으로는 식빵언니 론칭 직후 식빵 매출이 많이(두 자릿수) 점프했습니다. 정말 '찰지게 스파이크'한 거죠.

아쉬운 점도 있습니다. 무척 빠르게 움직여서 론칭하고, 제작물을 만들고, 커뮤니케이션한 것은 사실이지만 이슈 기간을 더 연장해야 한다는 목표를 세우고 움직였을 때 지속 기간을 완벽하게 예측하지 못했어요. 예상보다 더 빨리 상품의 인기가 식어갔기 때문인데, 경품이었던 샌드위치 메이커를 좀 더 빨리 선보였다면 더 큰 화제가 되고, 더 큰 매출을 만들지 않았을까 하는 아쉬움이 있습니다.

플랫폼과 팬덤의 위력

2022년은 그야말로 포켓몬빵의 해였습니다. 포켓몬빵이 '터진' 것에 대해 "초등학생 대상 상품이 운 좋게 어른들에게도 어필하면서 난리가 난 것 아니냐?"라는 질문이 많이 들어왔습니다. 아뇨, 전혀 아니에요. 포켓몬빵을 성공시키기 위해 얼마나 꼼꼼하게 기획했는지 알면 놀라실 겁니다.

● **생각보다 꼼꼼했던 기획**

대상 고객은 처음부터 30대 중반 남자였습니다. 방송, 유튜브 콘텐츠, 소셜 미디어, 중고 장터에서 포켓몬빵에 대한 이야기가 간간이 언급되고, 포켓몬빵의 상징과도 같은 띠부씰은 여전히 적지 않은 양이 언급되고 있었어요. 어떤 포켓몬 띠부씰은 꽤 비싸게 거래까지 되고 있었어요. 포켓몬빵을 기획한 동료 Y 과장은 포켓몬 마니아이기도 해서 이전부터 포켓몬 커뮤니티에서 이런 현상을 흥미롭게 지켜보고 있었지요.

'우리에게 포착된 실제 콘텐츠가 이 정도라면, 숨은 니즈needs는 훨씬 더 많을 것이다.'

'당시 초등학생들이 지금은 30대 중반이 되었고, 1,000원대 빵쯤이야 원하면 100개, 200개도 쉽게 살 수 있는 여건도 갖추었을 거다.'

'레트로 트렌드가 여전히 유효하고, 살기 팍팍한 지금 세상, 그때 그 추억을 소환하면서 즐거운 시간을 선물할 수 있다.'

이런 생각을 하며 '추억 소환'으로 시작한 기획이었어요. 그래서 1998, 1999년에 10~13세였던, 2022년에 34~37세인 남자분을 주 대상 고객으로 잡았어요.

그때 가장 많이 팔리던 '벗겨 먹는 고오스' '못말려 로켓단

1998년도 추억의 포켓몬빵

초코롤'이 중심이 되어야 했고, 이 두 제품을 업그레이드해서 준비했죠. 지금의 정서로는 '벗겨 먹는 고오스' 같은 상품명을 썼다가는 큰 낭패를 볼 것이 뻔하니, 네임은 '돌아온'으로 바꾸기로 했고요.

특히 이 제품에서 띠부씰이 매우 중요하다는 것은 모두가 알 테니 신중을 기해 세심하게 선정했어요. 라이선스를 가진 파트너에게 받은 모든 캐릭터 디자인 포즈를 하나하나 보며 어떤 포켓몬을 선정할지, 몇 마리를 선정할지, 인기 있는 캐릭터는 몇 가지 포즈를 해야 할지, 포켓몬 세계관을 반영해서 전설의 포켓몬 '뮤'와 '뮤츠' 비중은 몇만 분의 1로 해야 할지 등을 고려해서 159종의 띠부씰을 선정했습니다.

조금 더 디테일했던 부분도 있어요. 보나 마나 띠부씰이 활발하게 거래될 것이고, 그 과정에서 별칭으로 불릴 테니, 이해와 구분하기 쉽게 해줄 문구까지 고려했죠.

그 덕에 '윙크하는 피카츄' '앉아 있는 꼬부기' '눈 감은 이브이' 등 구분이 쉬운 직관적인 포즈를 선정했고, 이런 디테일은 큰 혼선이나 불편 없이 거래하는 데 도움이 되었다는 것도 말씀드리고 싶습니다.

상품 기획이 이렇게 명확하고 세심해지면 브랜딩과 커뮤니케이션을 기획하고 실행하는 일은 더 다르게, 더 효율적으로, 더 파워풀하게 발전할 수 있어요.

다시 기획 단계로 돌아와 정리합니다. 다음과 같은 방향성을 설정하고 캠페인을 준비했어요.

1. 상품을 기획할 때 수립한 콘셉트를 존중하고 그대로 이어받아 '추억 소환'을 깔고,

2. 추억을 불러일으켜야 하고, 포켓몬의 기운을 깔아두기 위해 출시하기 전에 주위에서 포켓몬, 띠부씰 관련 콘텐츠를 볼 수 있도록 하자.

3. 오프라인 이벤트나 영상 등 기대감을 키울 수 있는 티징 이벤트가 필요하다.

4. 예산이 많지 않으니 단톡방 등에서 자발적 바이럴이 잘될

수 있는 종류의 콘텐츠가 있으면 도움이 되겠다.

● **이벤트와 프로모션: 띠부씰 자랑 대회**

출시 전에 분위기를 조성하기 위해 '포켓몬빵 띠부씰 자랑 대회'를 열고 자신이 띠부씰 북에 차곡차곡 모았던, 서랍에 넣어두었던, 벽이나 책받침에 다닥다닥 붙여두었던 띠부씰을 소셜 미디어에 올리도록 유도했습니다. 이 대회에는 유명 셀럽도 참여해 붐업시켰어요.

이렇게 분위기를 조성한 뒤 오프라인에서 이벤트를 열고도 싶었으나, 피카츄 인형을 활용하기 위한 여러 제한 조건 때문에 기대감을 높일 수단으로 티징 영상을 만들기로 했어요.

이 영상은 포켓몬과 빵이 잘 연결되도록, 기대감을 줄 수 있도록, 띠부씰이 들어 있다는 것도 잘 전달하도록 세 가지 방향만 설정해서 만들었어요. 전하고 싶은 메시지를 주목도 높은 그림으로 매우 간단하고 임팩트 있게 표현했어요.

빵이라는 카테고리의 제품이 마진율은 그리 높지 않아요. '이 빵 잘될 것 같은데…' 하고 생각하더라도 커뮤니케이션에 그리 높은 예산을 책정하긴 어렵습니다. 그래서 자발적 바이럴을 활용할 수 있다면 아주 큰 도움이 돼요. 자발적 바이럴은 어느 브랜더나 원하는 것이지만, 콘텐츠의 질에 따

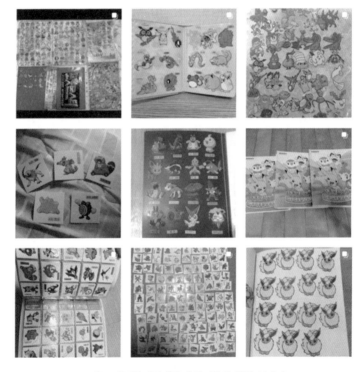

포켓몬 띠부씰 자랑대회 출품자들의 인증 이미지

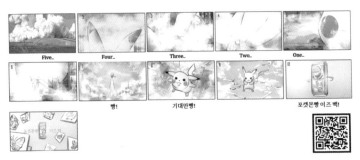

포켓몬빵 티징 영상 콘티

라 '폭망'하기도 하죠. 자발적 바이럴에는 동영상 채널이나 소셜 미디어도 좋지만, 뭐니 뭐니 해도 단톡방이 가장 좋은 도구가 됩니다.

제품이 '포켓몬'이니까, 이 다양하고 수도 많은 포켓몬이라는 특성에 꽤 오랜 기간 인기를 얻고 있는 MBTI를 결합한 일종의 성향 테스트 같은 걸 만들기로 했어요. 워낙에 인기가 있는 IP이고, 어떤 캐릭터 특성이 어떻다는 스토리까지 인식이 잘되어 있어 사람들과 연계하거나 투영하기 아주 좋잖아요.

테스트를 한 후에 당연히 나와 가까이 지내는 다른 이들은 뭐가 나왔을지 너무 궁금해지지 않겠어요? "난 피카츄 나왔는데, 넌 뭐 나왔어?" 지인, 친구, 가족이 있는 단톡방에 안 보낼 수가 없는 거죠.

이렇게 단순한 킬링 타임용으로 활용한다고 해도 포켓몬

100만 명이 참여한 포켓몬 테스트
(2022년 대한민국 디지털광고대상 대상 수상작)

빵에 대한 기대감을 높이고, 인식 속에 자연스럽게 진입할 수 있는 매개체가 되겠지요.

게다가 상품 기획에 도움도 돼요. 맛에 관련된 것도 물어볼 수 있고, 빵이 좋은지 케이크가 좋은지 등의 확장 질문도 할 수 있어서, 포켓몬빵의 인기가 지속되어 2차, 3차 상품을 출시할 때 제품에 사람들 의견을 반영할 수 있다는 점도 좋았죠. 아주 찰떡인 캠페인이었어요.

이 포켓몬 테스트에는 참여자 수가 100만 명을 훌쩍 넘어섰어요. 너무나 성공적이어서 이 캠페인만으로 저희 팀이 연말에 한 마케팅·광고 시상식에서 대상을 수상했습니다.

● 하나의 상품도 플랫폼이 될 수 있다

저는 여기서 포켓몬빵이 그 자체 이상의 가치를 지니는 것과 동시에 콘텐츠로 이목을 끌고, 시공을 초월한 그 콘텐츠가 온라인에서 바이럴되고, 전국 구석구석 깔린 오프라인 유통망에 줄을 세우고, 그렇게 얻은 것을 다시 온라인에서 거래하는 현상을 목도했습니다. '빵은 그냥 빵인데, 그게 콘텐츠, 기억, 가치를 주고받는 플랫폼 역할을 할 수 있구나!'라는 사실을 알게 되었어요.

편의점이나 슈퍼마켓에서 파는 빵이 플랫폼이 되다니, 납득이 안 되시나요?

플랫폼 맞아요. 당신의 상품도 플랫폼이 될 수 있어요. 차근차근 설명해보죠.

'플랫폼'은 사전적으로는 '정거장'을 의미합니다. 정거장이라는 장소는 버스나 지하철, 기차를 타는 곳이죠. 땅뿐 아니라 바다나 하늘을 영역으로 하는 항구와 공항도 플랫폼에 해당해요. 우리가 정거장을 이용할 때는 반드시 '목적지'가 있습니다. 목적지는 '가고자 하는 장소'잖아요? 우리는 정거장에서 기차든 버스든 운송 수단을 통해 더 빠르고 편하게 목적지로 이동합니다. 정거장에서 목적지라는 것은 이루고자 하는 목적입니다.

- 정거장 역할

  사람들이 목적하는 장소로 빠르고 편하게 이동시켜주는 역할
- 정거장의 가장 기반이 되는 구성 요소
1. 이동하려는 목적을 가진 수 많은 사람들을 수용할 수 있는 규모의 장소
2. 사람들이 원하는 여러 목적지로 빠르고 편하게 이동할 수 있게 하는 수단(버스, 기차 등)
3. 이동 수단이 멈추고, 지나갈 수 있게 할 수 있는 시설
4. 1~3을 지원하는 부대시설/서비스

포켓몬빵에는 어떤 의미가 있었을까요? 온라인 플랫폼에서 포켓몬빵이 언급되고 띠부씰이 거래되는 것을 보고, 우리는 '어떤 사람들에게는 아직도 포켓몬빵이라는 목적지가 있구나!'라는 것을 발견했지요.

사람들이 하는 말과 행동 하나하나 의미가 있어요. 사람들의 말과 행동은 훌륭한 기획의 좋은 재료가 됩니다. 상품 기획 아이디어를 얻기 위해 모으는 설문 답변보다 훨씬 더 순도 높은 재료가 돼요. 그 재료로 빵과 띠부씰이 들어 있는 포켓몬빵이라는 목적지를 만들었죠.

'지금 살기 너무 팍팍한데, 나 초딩 때 500원 주고 사 먹던 그 추억의 빵, 띠부씰을 모으고, 애들이랑 바꾸던 그 추억을 되살리고 싶다. 띠부씰을 다 모아서 그때 못했던 숙제를 마무리하고 싶다!'는 목적지를 제안한 겁니다. 그 제안에 더 많은 분이 응답하도록 붐업도 치밀하게 했죠. 분위기도 조성하고, 대대적으로 알리는 콘텐츠도 만들고, 바이럴을 위한 콘텐츠도 만들었으니까요.

결과적으로 아주 많은 분이 응답해주셔서 포켓몬빵을 구매해 목적지로 출발했고, 그 목적지에 더 간절히 가고 싶은 분들은 긴 줄을 서거나 웃돈을 주고 구매하게 되었습니다.

이걸 활용한 자발적 영상 콘텐츠도 제작되고, 콘텐츠가 많아지니 자연스레 퀄리티도 올라갔어요. 오프라인에서는

포켓몬빵 '오픈런' 대란

띠부씰 중고 거래가 이루어지고요.

　엄밀히 말하면, 이 빵으로 모두가 플랫폼의 주인이 될 수 있겠다고 보는 게 더 낫겠습니다.

브랜딩, 커뮤니케이션, 마케팅을 업으로 삼은 이로서 이런 상품을 만난 것은 큰 행운이고 기쁨이며 자랑입니다. 포켓몬빵은 제 가슴에 훈장을 달아주었어요. 제 평생의 자긍심과 자랑이 되겠죠. 실력보다는 운이 움직여주었고, 이는 크게 감사한 일입니다.

일 잘하는 사람이 되고 싶다면

● **나의 일, 너의 일, 하늘의 일**

포켓몬빵이 화제를 불러일으킨 후에 많이 들은 질문이 있어요. "포켓몬빵이 그렇게나 잘되었는데, 다음 프로젝트에 대한 부담은 없나요?"

저의 답은 "아니요, 조금도 부담스럽지 않아요"입니다.

사실 제가 대담하거나 자신감이 넘쳐서 그런 게 아닙니다. 다음 일이 부담스럽지 않은 이유는, 그게 포켓몬빵이건, 잘되었던 아니건 그걸 온전히 저 혼자 했다고 생각하지 않기 때문이에요.

세상에는 세 가지 일이 있죠. 나의 일, 너의 일, 하늘의 일. 저는 그저 늘 하던 대로 제품, 고객, 시장을 보면서 더 필요하다고 생각하는 어떤 것을 어떻게 만들지, 그걸 어떻게 알릴지, 무슨 준비를 할지만 생각합니다. '나의 일'을 했을 뿐이에요. 이번에는 '다른 일을 할 때보다 훨씬 더 효율적으로 자원을 배분하고 심혈을 기울였느냐?' 하면, 그렇지도 않아요.

가장 처음에 '이런 상품을 만들자'고 제안한 동료도 있고, 그걸 승인한 의사 결정자도 있고, 띠부씰 공급이 부족하지 않게 관리해주신 분, 생산 일정을 맞춰주신 분, 잘될 걸 알아보고 유통에 많이 깔아주신 분도 계십니다. 설정된 방향에 따라 인플루언서를 선정한 분, 그 인플루언서, 그 인플루언서를 보고 따라 한 다른 분까지 이어집니다.

'너'와 '하늘'이 해준 각자의 일과 맞아떨어진 거라고 생각하는 게 훨씬 합리적인 거겠죠. 그런 게 아니라면 제가 한 일전부가 그렇게 큰 화제를 불러왔어야 했을 텐데, 그건 아니니까요.

"브랜딩과 마케팅 커뮤니케이션을 업으로 삼은 이로서, 그런 프로덕트를 만났다는 건 큰 행운이자 영광이자 기쁨이었다"고 말할 뿐이고, 그 경험을 나눌 기회가 왔을 때 즐겁게 나누고 조금의 박수를 받을 수 있다면 만족합니다. 다음 일에 대한 부담은 조금도 없어요.

'너의 일'과 '하늘의 일'이 맞아떨어질 수 있는 기운과 행운이 와주길 즐겁게 바라며, 다음 '나의 일'을 잘 준비해서 하는 것뿐입니다.

● **브랜딩 컬래버레이션**

컬래버레이션 소식이 무척 자주 들려옵니다. 같은 카테고리의 브랜드 간 컬래버레이션을 하기도 하고, 다른 카테고리 간 이종 컬래버레이션을 하기도 하고, 아티스트나 디자이너 혹은 연예인과의 컬래버레이션까지 확장되고 있죠.

컬래버레이션은 왜 하는 걸까요? "저 브랜드가 상징하는 것이 무엇인가?"라는 질문에 답을 하기 어려운, 아이덴티티가 뚜렷하지 않은 브랜드 간의 컬래버레이션을 보신 적이 있나요?

아마 없을 거예요. 있더라도 기억이 잘 나지 않거나 좋다고 느끼지 않으셨겠죠. '그만큼 임팩트가 없어서'일 가능성이 크고, 그렇다면 그건 브랜드가 컬래버레이션을 통해 얻고자 하는 것을 얻지 못했다는 증거이기도 합니다. 사람들의 관심을 얻어 '이슈를 만드는 것'이 1차 목적이겠고, 그렇게 만든 이슈를 통해 궁극적으로 얻고 싶은 게 있기 때문일 겁니다.

제 경험에 의하면, 브랜딩 컬래버레이션은 크게 네 가지 차원으로 진행했어요.

1. 아이덴티티의 확장
2. 아이덴티티의 강화

3. 상대 브랜드의 고객 확보

4. 브랜드 인지도 제고

인지도를 제고하거나, 상대 브랜드의 고객을 확보하기 위해 하는 경우도 있지만, 엄밀히 말하면 그건 컬래버레이션 기획 과정에서 양쪽의 이해관계가 맞지 않아 성사되기 어려워요. 친분 덕에 성사되더라도 결과가 한쪽 브랜드로 기울어질 가능성이 높죠.

그보다는 '브랜딩적 생각' 관점으로 풀어보자면, 두 브랜드가 만나 컬래버레이션을 한다는 것은 두 브랜드의 아이덴티티를 융합하는 것을 의미합니다. 지금 내 브랜드가 보유한 아이덴티티에서 확장이 필요하다고 판단할 때, 확장하고자 하는 영역에서 강력한 포지션을 확보한 브랜드와 컬래버레이션해 그 아이덴티티를 내 브랜드에 전이하기 위한 것이 가장 우선적인 목적입니다.

개인적으로는 나이키가 컬래버레이션을 가장 잘한다고 생각해요. 그런 만큼 지금까지도 가장 활발하게 하고 있고요. 1972년 '나이키'로 브랜드명을 바꾸고 뮌헨 올림픽에 출전한 미국 대표 팀의 스폰서가 된 이래로 나이키는 인기를 얻으며 지속적으로 성장하고 있었어요.

1980년대 들어 미국 프로 농구 NBA에 카림 압둘자바, 매직 존슨, 래리 버드 등 스타 플레이어들이 등장하면서 NBA 는 미국뿐 아니라 세계적으로 인기를 얻고 있었고, NBA 선 수들은 대부분 컨버스(매직 존슨, 래리 버드 등)와 아디다 스(카림 압둘 자바 등)를 신고 경기를 뛴 때였어요. 나이키 는 세계시장을 보고 농구화로 확장해야겠다고 마음먹었겠 죠. 1984년에 놀라운 능력을 선보이며 데뷔한 마이클 조던 이라는 선수가 신인왕에 올랐고, 나이키는 그 즉시 그와 계 약을 합니다. 저는 1985년에 만든 '에어조던 Air Jordan'을 나이 키의 첫 번째 컬래버레이션으로 봅니다.

마이클 조던의 '농구' 아이덴티티를 나이키에 그대로 옮 겨 와 컨버스와 아디다스가 장악하고 있던 농구화 카테고리 로 사업을 수월하게 확장하게 해준 아주 훌륭한 컬래버레 이션이었어요. 그 누구도 부정할 수 없을 거예요. 마이클 조 던의 능력과 인기에 힘입어 나이키는 빠르게 농구화 시장을 장악했죠.

이후 리복은 샤킬 오닐과, 아디다스는 코비 브라이언트와 계약하고 비슷한 형태의 농구화를 내지만 에어조던만큼 파 급력을 만들어내진 못하고 나이키에 시장을 통째로 내주게 됩니다.

마이클 조던이라는 사람 자체를 브랜드로 쓰겠다는 혁 신적인 생각을 한 것도 매우 대단하고, 신발에 '에어 유닛 Air

Unit'를 개발해 넣는 테스트(1978년 테일윈드NIKE Tailwind)를 하면서 '나이키 에어NIKE AIR'로 운동화에 혁신을 만들어낼 계획(1987년 에어맥스 1AirMax 1)을 세웠을 것이고, 이 계획을 매우 높은 점프를 뛰던 마이클 조던의 점프맨 아이덴티티와 결합해 에어조던이라는 브랜드를 만든 것도 아주 혁신적이었다고 생각해요.

이런 경험이 이후에 나이키가 기존 스포츠들과 다른 소비자, 다른 방식의 골프 카테고리로 확장할 때도 당대 최고의 선수였던 타이거 우즈와 계약해 브랜드를 만들고 시장에 성공적으로 진입하는 성과로 이어졌을 거라고 봅니다.

이후에도 나이키는 컬래버레이션을 통해 아주 효과적으로 아이덴티티를 확장해나갑니다. 여전히 스포츠 브랜드라고 할 수 있지만, 스포츠만을 위한 브랜드라고 보기 어려운 아이덴티티 포지션을 확보했죠. 뮤지션인 드레이크, 트래비스 스콧, 지드래곤, 제니퍼 로페즈와의 컬래버레이션을 통해 힙합, 패션 아이덴티티로 성공적으로 확장하고 있고, 사카이, 오프화이트, 스투시 등과의 컬래버레이션을 통해 스트리트 패션을, 루이 비통, 디올, 지방시, 티파니, 앰부쉬 등과의 컬래버레이션으로 프리미엄, 럭셔리 아이덴티티까지 성공적으로 흡수하며 가격 포지션을 높임과 동시에 스포츠에서 1위를 하는 이미지뿐 아니라 패션과 라이프스타일을 리드하는 이미지까지 확보한 걸 보면, 컬래버레이션은 나이키처럼 하는 게 옳은 것처럼 느껴질 정도네요.

이미 보유한 아이덴티티를 강화하기 위해서 하는 경우도 있습니다. 크래프톤의 〈배틀그라운드〉라는 게임을 아실 겁니다. 승리하면 '이겼닭! 오늘 저녁은 치킨이닭!'이라는 메시지가 뜨지요. 이겼는데 왜 이런 메시지가 뜨는 걸까 궁금해서 찾아보니, 이 메시지는 'winner winner chicken dinner'라는 기존 승리 메시지를 번역한 거라고 하죠. 이 메시지는 라스베이거스 카지노에서 유래되었다고 해요.

카지노에서 블랙잭을 하기 위한 최소 베팅 금액이 2달러였고, 한 번 이기면 카지노 내 레스토랑에서 1.79달러인 치킨 메뉴를 주문해 먹을 수 있다는 의미라고 하네요. 한국의 배그 게이머들이 실제로 이기면 기분이 좋아서 치킨을 많이들 주문해서 먹는다고 하죠. 그래서 배틀그라운드와 치킨 브랜드가 여러 번 컬래버레이션했어요. 맘스터치, GS25의 치킨25, KFC와도 진행했죠.

배틀그라운드가 치킨 비즈니스로 확장하려는 건 아닐 것이고, '배그에서 이기면 치킨' '승리의 기쁨을 닭과 함께하는 아이덴티티'를 강화하기 위해 치킨 브랜드들과 여러 차례 컬래버레이션한 것으로 이해하는 것이 옳을 겁니다. 재미도 있을뿐더러, 치킨 브랜드는 배그 이용자를 고객화하는 부수

효과도 얻을 수 있겠네요.

● 디테일의 쓸모

'내 브랜드'와 경쟁하는 브랜드는 무척 많습니다. 실제로 품질 차이를 크게 느끼지 못하죠. 만일 내 브랜드에 소비자가 인지할 수 있는 1%의 편리성 차이가 있다면, 그 1%가 만들어낼 수 있는 구매 의사 결정도 1%일까요?

디테일이란 품질, 기능뿐 아니라 모든 영역에 존재하잖아요. 그 1%의 차이를 회사만 알고 소비자는 인지하지 못할지라도, 이를 인지하도록 만들 방법을 찾아내는 것이 훌륭한 브랜더이자 마케터일 겁니다.

파는 사람이 브랜드의 제품을 설명하고, 왜 사야 하는지, 이게 왜 필요한지, 당신에게 뭐가 좋은지 디테일한 근거를 드는 콘텐츠를 만드는 것도 중요하지만, 소비자의 구매 행동에는 여러 프로세스가 있죠. 그 프로세스가 아마 구매자의 유형별로, 구매 목적별로 다를 겁니다.

제가 함께 일했던 동료 가운데 '디테일이 좋다'고 느꼈던 Y 과장이 있습니다. 서울 외곽의 대규모 식음 매장을 기획할 때였어요. 어느 미팅에 앞서 '기획대로 매장이 나온다면 어떤 분들이 올까? 어느 한 층이라고 단정 지어 예상하기 어렵겠는데? 유동 인구가 많지 않은 지역인데, 10분 정도 거리에 큰 아파트 단지가 있고, 고속도로 진출입로가 가까웠고, 워낙에 큰 매장이었기 때문에 방문 고객의 유형을 한 가지로 정하면 안 되겠다' '평일 오전에는 주변 아파트 단지에서 30대 중·후반~40대 중반 여성이 올 것 같고, 저녁에는 젊은 분들이 좀 오겠다. 주말에는 데이트하는 분, 아이 있는 가족 단위가 많이 오지 않을까?' 정도의 생각과 판단을 했습니다.

그런데 그 동료가 여러 유형의 고객을 예상하며 나이, 취미, 가족 구성원, 수입, 타는 차, 거주 지역, 취미와 취향, 옷차림까지 페르소나를 대여섯 가지로 설정하고, 그에 따른 방문 목적과 구매 프로세스, 취식 패턴을 분류해 유형별로 매장 이용 프로세스를 겪으며 생길 수 있는 행동 방법, 심지어 감정선의 변화까지 설정해두더라고요. 거의 모든 프로세스와 서비스의 경험 루트, 그에 따른 모든 감정 변화에 따른 대응책을 마련했죠.

그런 디테일을 설정하면, '주차장 진입로에 안내표지는 100m 전부터 보이게 해야겠구나' '주중 오전과 오후, 주말에는 다른 음악을 틀어야겠구나' '셀프로 할 영역은 빵을 담는 것까지만, 나머지는 다 서브를 해야겠네' '계단은 4개를 넘기면 안 되겠다' '아이를 동반할 수 있는 구역과 어른만 이용할 수 있는 구역을 나누는 게 더 낫겠다' '아이 동반 가능

구역에는 잔디 마당과 연결하는 게 좋겠다' '화장실은 층마다 남녀 다 있어야 하겠고, 슬라이딩 도어는 어렵겠는데? 여닫이가 낫겠구나' 정도로 아주 세심한 서비스 사양을 정하는 데 도움이 됩니다.

포켓몬빵을 직접 기획한 또 다른 Y 과장도 비슷한 예였어요. 띠부씰을 기획할 때 그가 세운 가설 하나가 '중고 거래가 이루어질 것이다'라는 것이었어요. 띠부씰을 모으려는 고객이 빵을 여러 개 사면 틀림없이 띠부씰이 중복되는 경우가 있을 것이니, 분명 중고 거래 혹은 교환 요구가 생길 것이고, 두 가지 혹은 세 가지 포즈의 띠부씰이 존재하는 몇몇 인기 포켓몬은 구분해서 부를 명칭이 없으므로 구분할 말이 필요할 것이다. 그렇다면 두세 가지 포즈의 포켓몬을 띠부씰로 선정할 때는 별도로 부르기 좋은 포즈를 골라야 한다'라는 생각이 이어진 거죠.

이렇게 해서 쉽게 구분될 뿐 아니라 부르기 명확한 아트워크를 골라 띠부씰을 만들었고, '꼬부기 - 윙크하는 꼬부기' '이브이 - 눈감은 이브이' '이상해씨 - 엎드린 이상해씨 - 날으는 이상해씨' 등의 베리에이션이 탄생하게 되었습니다. 브랜딩에서의 디테일이란 이런 거라고 생각해요. 상품, 콘텐츠를 준비할 때 구매 프로세스까지 들여다보고 거기서 일어날 수 있는 일에 대한 시나리오에서 발생할 수 있는 작은 불편까지 감안해서 준비하는 것 말이죠.

포켓몬빵의 큰 성공에는 이런 알려지지 않은 디테일이 쓸모를 발휘해 퀄리티를 높이고 성공을 만드는 데 기여했다고 봅니다. 이게 바로 '브랜딩적 생각' 아닐까요?

● 큰 것이 작은 것을 잡아먹는 것이 아니라 빠른 것이 느린 것을 잡아먹는다

아이디어가 아주 많은 세상이에요. 생각을 깊이 하거나 고민을 더 하기보다 일단 만들어서 반응을 보기에 좋은 세상이기도 하죠. 선보이고 싶은 것들로 성공하기 위해 기획하고 실행하는 과정에서 중요한 것이 많지만, 다음을 우선 살펴봐주세요.

- 세상과 사람들에 딱 맞추려는 생각을 기반으로 기획하는 것
- 실행의 디테일을 올려서 경험과 품질의 수준을 높이는 것
- 사람들의 반응을 신속하게 살펴 좋지 않을 경우 빠르게 판단하고, 빠르게 회수하거나 개선하는 것

작은 브랜드가 큰 브랜드보다 유리한 거의 유일한 강점이 바로 '속도'예요. '빠르게' 할 수 있다는 것이죠. 덩치가 작으니 의사 결정 속도도 빠르고, 시장 사이즈가 작으니 만드는

것도 빠르고, 인지도가 낮으니 선보이고 판매해야 할 매장 종류와 수도 적죠. 그래서 '아니다' 싶을 때 빨리 고치거나 접을 수도 있습니다.

구성원이 2만 명이 넘는 큰 회사에서도, 50명이 안 되는 작은 회사에서도 일해보고, 매출이 높고 대중적으로 인지도 높은, 매출 높은 브랜드도, 그렇지 않은 브랜드도 매니징을 해보니, 작은 것을 시장에 선보여 반응을 보고 빨리 접을 수 있다는 게 생각보다 얼마나 어려운 일인지, 그게 얼마나 큰 장점인지, 그걸 어떻게 활용할 수 있을지가 보입니다.

사람들은 생각보다 내 브랜드에 별 관심을 주지 않습니다. 그래서 내 브랜드가 실패하거나 타격을 받거나 신뢰를 잃는 것은 그리 걱정할 것이 아닙니다. 다시 하면 되고, 다시 할 수 있어요.

제가 빠른 의사 결정, 빠른 실행보다 빠른 개선과 중단을 더 강조하는 이유는, 빠른 중단은 작은 피해만 주고, 그게 '다시 시작할 힘'이 되기 때문입니다. 그 힘을 보고 'Just Do It' 할 수 있기 때문에 부담과 책임감을 좀 덜 갖고 시작할 수 있어요.

작은 브랜드가 큰 브랜드를 이길 수 있는 힘은 상대적으로 '다시 하기 쉽다'는 게 포인트입니다. 경험이 쌓였으니 다시 했을 때 성공 가능성은 높아질 수밖에 없잖아요. 큰 브랜드들도 사실은 대부분 작은 브랜드에서 시작해서 빨리 접고 다시 해보고, 또 접고, 다시 하고, 빨리 개선하면서 큰 브랜드가 된 것 아니겠어요?

이제 그들은 느려졌어요. 당신은 할 수 있어요.

● **최고의 복지 1: 좋은 동료**

여러 산업, 여러 규모의 회사에서 일해보니 회사의 미션과 비전 같은 가치 체계, 급여 수준, 복지도 제각각이었어요. 복지가 거의 없다시피 한 회사에서 일하는 것과 좋은 복지를 제공하는 회사에서 일하는 것은 좀 다른 이야기이긴 한데, 그게 있다는 게 현실이 되면 너무 당연해서 그것에 대해 감사하거나 잘 이용하지 않게 되더라고요.

여러 일터를 경험해온 지금 돌이켜 보면, 회사가 제공하는 가장 훌륭한 복지는 두 가지라고 생각해요.

하나는 '좋은 동료'입니다. 회사라는 집단이 일을 하기 위해 사람들이 모인 곳이기 때문에, 회사의 본질은 '일'과 '사람'이죠. '인사만사人事萬事'라는 말을 믿는 저는, 회사가 좋은 기업 문화를 바탕으로 좋은 사람을 채용하고, 그의 특성을 빠르고 정확하게 파악해서 성향과 호흡이 더 잘 맞을 수 있는 사람과 일에 배치를 해주는 것, 그래서 좋은 가치관과 좋은 태도를 지닌 좋은 동료와 손발 맞춰 일하는 환경을 만들어주는 것이 가장 훌륭한 복지라고 생각합니다.

특히 리더가 중요하죠. 리더는 업무의 방향과 양, 좋은 방안을 제시해주고 피드백을 주고받으며 성장하는 데에 큰 영향력을 가지니까요. 일터에서 지내는 시간이 많다 보니 일터가 어떤 삶을 사느냐에 아주 큰 부분을 차지할 수밖에 없죠.

하루에 대체로 10시간 정도 일터에 있는데, 일하는 방식이 납득하기 어렵거나, 무리한 요구를 받거나, 예의 없이 소통하는 리더와 일하면 큰 스트레스를 받게 되므로 건강에 해를 끼칠 테니까요.

저는 좋은 팀장이 좋은 의사보다 '건강하고 만족스러운 삶을 사는 것'에 큰 영향을 줄 수 있다고 믿습니다.

저는 채용을 위한 인터뷰를 할 때, 되도록 팀원 전부와 함께 임합니다. 이유는 두 가지예요. 한 가지는, 직접 대면해서 문답을 하고 대화를 하며 '나와 우리 팀이 저 후보자와 함께 일하고 싶은가?'에 대해 다 같이 의견을 주고받으며 구하기 위해서입니다. 물론 직접 함께 일할 동료로서 그분이 팀과 회사에 도움이 될 것인지, 서류에 거짓이 없어 보이는지 등을 보기도 해야겠지만요.

또 한 가지는, 후보자 또한 자신이 속할 팀의 멤버들을 직접 대면하고 '내가 이 팀에 들어가서 이 사람들과 동료로 일하고 싶은가?'를 판단하게 하기 위함이에요. 했던 일에 대한 질문도 주고받고, 일하는 스타일에 대해서도 여러 질문이 오갈 뿐만 아니라, 취미나 취향, 여가를 즐기는 방법 등 사적인 이야기까지 자연스럽게 주고받는 분위기가 조성되기 때문에 팀에 녹아들 수 있을지 판단하기에 옳은 판단을 내릴 가능성이 훨씬 크다고 생각해요. 여기서 포인트는 '사적 영역에 대한 대화'가 반드시 필요하다는 겁니다. 취향과 스타일을 파악하기 위해 주말에 주로 무얼 하는지, 좋아하는 책이나 영화, 브랜드는 무엇인지, 최근에 겪은 인상적인 일이 무엇인지 등도 물어봅니다. 팀워크가 단단해지는 과정에는 업무 외적인 영역도 영향을 주니까요.

대부분 기존 팀원들이 만장일치로 찬성할 때까지 이야기를 나누고 결정해서 새 팀원을 모시는데, 그렇게 하면 팀워크가 금방 생겨납니다. 경계심이 아주 낮은 상태에서 일을 시작할 수 있고, 적응도 빨라서 그렇다고 믿습니다.

평가할 때도 목표를 초과 달성한 동료, 큰 성과를 낸 동료를 높이 평가하는 것은 당연하지만, 팀을 위해 희생하고 헌신해서 팀이 성과를 낼 수 있는 컨디션을 지켜준 동료의 평가 결과도 잘 나올 수 있도록 합니다.

그런 원칙은 평가 기간 초에 팀에 공유하고, 좋은 인재, 좋은 동료에 대한 가치관과 상을 공유 가치로 설정한 후 회사 생활에 임할 수 있게 해왔어요. 제가 아주 중요하게 여기는 덕목이어서, 리더가 된 후 10년 이상 지켜온 원칙이고, 그래서 성공적인 결과물을 조금은 더 일궈낼 수 있었다고 자부해요.

● **최고의 복지 2: 좋은 브랜드**

좋은 사람이 이렇게나 중요하지만, 그게 다가 아니죠. 제가 생각하는 회사에서의 또 하나 중요한 복지는 '좋은 브랜드'입니다. 요즘같이 시장과 소비자, 매체와 유통 채널의 변화가 많고, 그만큼 경쟁이 치열한 시대에는 사업의 복잡성이 아주 커지잖아요. 커지는 복잡성이 작은 브랜드를 시작할 기회를 만들어주기도 하죠. 단기간 눈에 띄게 만들어 매출을 낼 수 있습니다. 하지만 반복적인 구매를 유도하고, 매출을 지속적으로 지키기는 매우 어렵습니다. 실제로 진입장벽이 낮은 뷰티 브랜드, 건강 기능 식품 같은 브랜드, 식품에서 나타났다가 사라지는 브랜드를 많이 봐왔죠.

하나의 브랜드가 탄생해 시장에 어필하고 포지션을 단단하게 잡으며 커가는 데는 정말 많은 노력, 시간, 비용이 필요합니다. 인내가 필요하죠. 이런 인내를 거친 좋은 브랜드가 없다면 그런 변화와 복잡성을 여과 없이 겪어야 하지만, 회사가 포지션이 단단한 브랜드를 보유했다면, 그 복잡성으로 인한 변화를 상당 부분 방어해줄 수 있습니다.

시장의 변화, 사업의 복잡성이라는 건 기업에만 해당하는 문제가 아니라 사람들에게도 영향을 주잖아요? 좋은 브랜드에는 신뢰가 쌓여 있습니다. 쉽게 고장 나지 않는다는, 피부가 뒤집어지지 않는다는, 이 정도 역할은 해줄 수 있을 거라는 품질에 대한 신뢰, 가격대가 이 정도 수준에 형성되어 있다는, 사람들이 어느 정도로 봐 줄 거라는, 시장과 사람들의 인식상의 포지션도 있죠.

복잡성이 커지면 사람들은 적응할 때까지 보수적인 태도를 유지하게 되고, 기존에 신뢰를 주었던 브랜드를 소비하게 되므로 훨씬 경쟁력이 있습니다.

보유한 이미 좋은 브랜드의 BI를 변경하거나 하는 방법으로 시장 트렌드와 타당성 relevance에 맞춰서 변화할 수도 있고, 브랜드의 라인을 확장해 사업 확장에 활용할 수도 있어요. 빠르게 변화하는 이런 시대에 회사에 '좋은 브랜드'가 있다면, 일하기가 얼마나 수월하겠습니까?

우리가 이직을 한다고 칩시다. 후보 회사 가운데 '좋은 브랜드, 사람들이 알아주는 브랜드, 브랜드 덕분에 더 높은 가격을 받고 있는 브랜드'를 보유한 회사와 더 유명하고 인기 있는 브랜드는 없지만 '더 높은 연봉, 더 새로운 복지 프로그램'을 제공하는 후보 회사 중 선택해야 한다면 단번에 고르긴 어렵지 않을까요?

좋은 브랜드는 조직 차원에서는 훌륭한 복지가 되어 좋은 사람들을 끌어들일 수 있습니다. 그들은 좋은 동료가 될 것이고, 일하기가 수월해지고, 브랜드는 더 좋아질 것이고, 회사는 성장하고, 내 연봉이 올라가고, 좋은 동료들이 더 오고, 좋은 브랜드는 더 좋은 브랜드가 되고, 일하는 게 즐겁고, 시간과 자금 여유가 생기고, 행복도가 높아질 거예요. 중간에 의사 결정이나 실행에 실수가 있어 잠시 삐끗해도 좋은 브랜드는 쉽게 무너지지 않기도 하고요.

이런 선순환을 만드는 데 좋은 브랜드가 큰 역할을 해요. 좋다고 평가되는 브랜드와 신생 브랜드를 모두 다뤄본 분들은 피부를 지나 뼈까지 저리게 느끼셨을 거예요.

우리가 브랜딩을 잘해서 좋은 브랜드를 만들고 유지해야 하는 이유입니다.

● '소비자'라는 이들의 아이러니

사람들을 기업에서 부르는 또 다른 이름은 소비자입니다. 사람들은 늘 소비를 해요. '인생은 B와 D 사이에 있는 C다'라는 말이 있잖아요? 저는 우리가 태어나서birth 죽을death 때까지 하는 선택choice 중 가장 많은 수의 선택이 '이것과 저것 중에 어떤 걸 살지'에 대한 선택이라고 생각해요.

이렇게 많은 수의 선택이 있는 만큼, 그 선택의 종류도 많을 거고, 선택마다의 조건과 과정이 매우 복잡하겠죠. 우리가 점심 식사 메뉴를 선택할 때와 가족이 타고 다닐 자동차를 선택할 때는 마음가짐부터 다르잖아요?

선택하는 프로세스도 아예 다르죠. 이건 이 선택 시 투입되는 자원의 양이 다르고, 선택 후 생활에 끼치는 영향이 다르기 때문이겠죠. 투입되는 자원이나 내 생활에 끼치는 영향 차이가 그렇게 크지 않은 4,000원짜리 양말을 살 때와 4,000원짜리 피부 연고를 살 때는 어떤가요? 이것도 좀 다르죠. 하나는 취향이 더 많이 반영되고, 하나는 전문가의 도움을 받아야 할 때도 있습니다.

어떤 것은 매우 보수적으로 선택하고, 어떤 것은 늘 새로운 쪽에 마음을 주는, 소비자라는 이들은 변화를 싫어하면서도 좋아하는, 우리 같은 사람들에겐 아주 이상하고 어려운 아이러니입니다.

이렇게 변화가 많고, 경쟁이 많고, 복잡성이 큰 시대에는 이런 아이러니를 뚫고 성공률을 높이기 위한 조사와 탐색, 분석보다 '감'이 더 유용할 때가 있어요. 개인적으로는 감이 훨씬 더 자주 쓰인다고 생각하고, 성공률이 더 높다고 믿는 편입니다. 조사 탐색 분석 방법이 많이 고도화되었고 정확도도 높지만, 감으로 움직이는 사람에 비해 시간, 예산, 인력이라는 자원이 더 많이 들어가죠.

'감'이라는 것은 기본적으로 사람에 대한 이해도 높은 관점, 변화되는 것들을 관찰하며 쌓아온 시장에 대한 관점이 오늘의 사회·경제·문화적 환경과 결합되어 나오는 결과물일 겁니다. 브랜드가 기업과 소비자의 관계를 형성시켜주는 연결자이고, 사람의 기분을 다루는 일이기 때문입니다. 감 좋은 사람에 분석력까지 갖춘 회사라면 좋은 브랜드를 보유할 준비가 되어 있다고 봐도 과언이 아니겠네요.

그래서 리더의 역할이 중요합니다. 의사 결정을 해야 하는 상황에 따라, 혹은 기업이 선보여야 하는 상품의 종류에 따라, 어떨 때는 감의 비중을 높여야 하고, 어떨 때는 분석 결과 비중을 높여야 할 테니까요. 의사 결정 근거의 일관성도 확보해야 하고, 구성원이 혼란스럽지 않게 그 결정을 한 사유를 이해하고 받아들일 수 있게 해야 하기 때문입니다.

● 일 잘하는 사람에게는 보이는 것

'일 잘하는 사람'에 대한 생각은 늘 갖고 있는 생각입니다. 친분 있는 브랜더들과도 자주 이야기 나누는 주제이기도 하죠. 일 잘하는 좋은 사람 가까이에 있고 싶고, 제가 생각하는 일 잘하는 사람들에게서 발견한 점에 대한 이야기도 나누고 싶어요.

그 전에 '일 잘하는 사람'은 어떤 사람일까요? 우리가 일을 하는 이유는 '세상에 영향을 주고 변화를 만들기 위해서' 입니다. 상품을 기획하든, 제조를 하든, 프로그램을 개발하든, 광고를 하든, 영업을 하든, 속한 회사·사회의 주목적에 영향을 미치고 변화를 만들기 위해서입니다.

역량과 능력은 약간씩 차이만 있고 비슷한 수준이라고 보고, 조직에서 기대 이상의 성과를 내는 결정적인 것은 '일이 되게 만드는 관점'을 가졌는가 여부라고 봐요.

제가 생각하기에 그 관점을 가진 사람은 다음과 같은 사람입니다.

- 내가 속한 조직의 사업 목적을 숙지하고, 시기별로 그 상황이 변하는 것을 이해하는 사람
- 자신의 업무로 그에 영향을 주려는 목적이 분명한 사람
- 공급자에게 필요한 것과 소비자가 원하는 것의 관점을 균형 있게 갖춘 사람
- 다르게 해서 주목받는 법을 아는 사람
- 그 일을 하는 데 필요한 자원(시간, 인력, 비용)을 추산할 수 있는 사람
- 그 자원을 마련하기 위해 내부를 설득할 논리와 근거를 구성할 수 있고 네트워크를 통해 부족분을 마련할 수 있는 사람

- 자신의 이름을 걸고 퀄리티 수준을 지키며 실행하는 사람
- 실행 중간 상황을 공유해 결과 추정치가 예상 범위를 벗어 나지 않게 하고 기대 수준을 관리할 줄 아는 사람

회사의 목적·방향과 업무가 정렬되어 있고, 가용 자원을 활용해 외부의 도움을 이끌어 증분도 만들어내고, 늘 성장에 대한 열망으로 자신의 이름을 걸고 퀄리티 수준을 지키고, 진행 상황을 틈틈이 공유해 기대 수준 관리를 하는 사람. 그런 사람이 된다면 회사에서 '일 잘하는 사람'이라는 평을 듣게 될 가능성이 높습니다. 여러분은 어떤가요?

지금까지 감사했습니다. 제가 이야기한 것들을 가지고 생각을 나누길 바랍니다.

책을 쓰는 게 쉬울 줄 알았는데 말이죠. 주변에서 "책 한 권 내세요" 하는 말을 들으면 '까짓거 맘만 먹으면 후딱 쓰지 뭐'라고 생각했었어요. 어렸을 때는 독후감 대회나 백일장에서 상도 곧잘 받았고, 시도 쓴 적이 있었어요. 무언가에 대해 글을 하나 써야겠다 마음을 먹으면 그냥 술술 쓰는 편이었거든요. 제 소셜 미디어 채널에는 말이죠.

지인들이 책을 쓸 때마다 이렇게 생각했죠. '와, 저분이 책을 쓰네? 오, 저분도? 어라, 저분은 벌써 세 권째나?' 책을 쓴다는 게 그리 어렵지 않겠다고 생각했고 조금도 조급하지 않았어요.

제가 쓸 책의 주제는 이미 '브랜딩'으로 정해놓았어요. 오랫동안 해온 일이고, 시장을 시끌시끌하게 만들었던 성공작들도 꽤 되었죠. 자신 있는 주제로 책을 쓰는 것이니 얼마나 가뿐하게 봤겠어요?

지금 생각하면 나 자신을 크게 비웃게 되는 일입니다.

글이 안 써졌어요.

시시때때로, 또는 강의나 회의 준비를 하다가, 다른 이가 한 일을 보다가 내뱉은 말들이 있었어요. '와, 내가 어떻게 이런 생각을 했지? 내공이 좀 쌓였나? 하하, 기어이 고수의 길로 접어든 건가?' 이런 생각이 들 만큼 멋지다고 생각했던 말들이, 기억이 안 날 정도로 정리가 안 되어 있었죠.

하나의 주제로 책을 쓸 만큼의 글을 쓴다는 것. 그게 얼마나 위대하고 어려운 일인지 이번에 알게 되었습니다. 그러니 틈틈이 메모합시다. 저는 메모를 꽤 많이 하는 편인데도 좀 더 잘 정리하지 못한 게 후회스러워요.

우여곡절 끝에 원고를 출판사에 넘기고도 다시 읽고 또 읽으며 야금야금 한 문장씩 추가하겠다고 메일을 보내고, 제목과 디자인으로 고집을 피우고, 이거 고쳐달라, 저거 다시 해달라, 이 문장은 넣어야 한다, 이건 빼자…. 제 게으름을 감내하다가 막판에 마구 전달한 요청을 웃으며 받아준 담당 편집자에게 감사의 말을 전합니다.

오랜 시간 가까운 곳에서 제가 해온 거의 모든 일을 지켜 보며 칭찬도 해주고, 단 한 번의 비판도 없이 늘 응원해주며, "이번엔 진짜로 책을 쓰는 게 좋겠다"며 제가 결심하고 움직 일 수 있게 길을 열어준 LMNT의 최장순 대표님께도 감사 드려요. 제가 형이지만 늘 배워요.

리듬체조를 진지하게 하는 둘째 녀석 이현이가 운동하는 곳이 경기도 광주와 용인의 어디쯤인데, 주말마다 이 녀석 을 태워다 체육관에 넣어놓고, 근처 카페에 가서 '아아' '뜨 아' 한 잔씩을 부탁하고 4시간이고 5시간이고 앉아 글을 썼 어요. 싫은 내색 없이 늘 반갑게 맞아주시고, 안부도 물어주 시고, 명품 스피커로 좋은 음악을 틀어주신 카페 스틸존의 사장님 가족들께도 감사드려요. 덕분에 기복이 있는 중에도 끝까지 잘 쓸 수 있었어요.

2011년 대리, 과장 때부터 브랜드와 트렌드를 공부하려 고 모였다가 이제는 일하면서 생기는 고민, 이직과 창업, 여 행이나 아이들 공부 고민까지 나누는 BST 형제들께도 감사 드립니다. 마케팅과 광고, 패션산업과 맛집 이야기를 주로 나누는, 단체 사진 속에서 키가 185cm인 제가 작아 보일 수 있는 우리 농구팀 A팀 멤버들에게도 감사!

공부도, 취미생활도 많이 하는, 기대감이 큰 아빠의 잦은 잔소리와 꾸짖음을 잘 버티며 묵묵히 앞으로 나아가는, 엄마와 동생에게 든든함을 담당하는 첫째 이재에게도 감사를 전해요. 축구와 배구와 축구게임과 간식 먹기, 친구들과 돌아다니기, 학업까지 다 잘하고 싶어 모든 것에 많은 시간을 쏟는 그대를 더 많이 믿기로 했어요.

하고 싶은 일을 빨리 찾아, 무척 힘들지만, 그 길을 즐기며 매진하는 둘째 녀석 이현에게도 감사를 전합니다. 그 길의 끝에 무엇이 있을지 모르겠지만, 그게 뭐가 중요한가요? 여정 자체가 목적인걸.

주말에 저 혼자 글 쓰는 시간을 가질 수 있게 배려해주고 가정을 유지하는 데에 필요한 여러 일들의 무게를 줄여준, 글이 잘 안 써져 예민하게 굴 때도 몇 번 빼고는 대부분 이해해주고 받아준, 제 앞에서는 잔소리와 구박을 해도 다른 이들 앞에서는 자랑스러워해주는 아내 미영에게 가장 큰 감사의 말과 사랑을 전합니다.

저의 일터에서, 그리고 협업파트너로, 저와 연결되어 함께 브랜딩을 했던 모든 분과 제 손이 닿은 브랜딩의 결과물을 즐겨주신 이름 모를 분들께도 감사드려요. 지금의 저를 만들어주셨습니다.

부족한 제 책을 들고 다니며 읽어주신 당신께도 감사드려요. 여는 글에서도 드린 말씀이지만, 글쓴이와 독자로 만난 우리는 이제 아는 사이가 되었으니, 강의에서건 식당과 술집 테이블에서건 소셜 미디어에서건…, 저의 '브랜딩적 생각'과 당신의 '브랜딩적 생각'을 나눌 수 있길 진심으로 바랍니다.